Consonantes

기역 [k], [g]	니은 [n]	디귿 [t], [d]	리을 [ɾ], [l]
ㄱ	ㄴ	ㄷ	ㄹ

지읒 [tɕ], [dʑ]	치읓 [tɕʰ]	키읔 [kʰ]	티읕 [tʰ]
ㅈ	ㅊ	ㅋ	ㅌ

쌍기역 [k͈]	쌍디귿 [t͈]	쌍비읍 [p͈]	쌍시옷 [s͈]
ㄲ	ㄸ	ㅃ	ㅆ

Vocales

[a]	[ʌ]	[o]	[u]
ㅏ	ㅓ	ㅗ	ㅜ

[ja]	[jʌ]	[jo]	[ju]
ㅑ	ㅕ	ㅛ	ㅠ

[wa]	[wʌ]	[wɛ]	[we]
ㅘ	ㅝ	ㅙ	ㅞ

미음 [m]	비읍 [p], [b]	시옷 [s], [ʃ]	이응 [ŋ]
ㅁ	ㅂ	ㅅ	ㅇ

피읖 [pʰ]	히읗 [h]
ㅍ	ㅎ

쌍지읏 [tɕ͈]
ㅉ

★Son nombres de cada consonante.

[ɯ]	[i]	[ɛ]	[e]
ㅡ	ㅣ	ㅐ	ㅔ

[jɛ]	[je]
ㅒ	ㅖ

[we]	[wi]	[ɯi]
ㅚ	ㅟ	ㅢ

2.ª edición

Coreano fácil · Básico

Coreano fácil · Básico

Autora	Seung-eun Oh
Traductor	Roberto Vega Labanda
Correctora de estilo	Katrin Maurer

1.ª impresión	diciembre de 2020
2.ª edición	octubre 2023
Editor de proyecto	Kyu-do Chung
Editores	Suk-hee Lee, Inkyung Park, Min-ae Jung
Diseñadores	Na-kyung Kim, Ji-young Yoon, Ji-eun Yoon, Hyun-ju Yoon
Ilustrador	Moon-su Kim
Actores de voz	So-yun Shin, Rae-whan Kim, Alejandro Sánchez Sanabria

DARAKWON Publicado por Darakwon Inc.

Darakwon Bldg., 211, Munbal-ro, Paju-si, Gyeonggi-do, República de Corea 10881
Tfno.: 02-736-2031 (Dpto. Mercadotecnia: Ext. 250~252; Dpto. Edición: Ext. 420~426)
Fax: 02-732-2037

ISBN: 978-89-277-3264-8 14710
      978-89-277-3263-1 (set)

http://www.darakwon.co.kr
http://koreanbooks.darakwon.co.kr

※ En caso de querer más información sobre nuestras publicaciones y promociones, así como las
  instrucciones de cómo descargar los archivos MP3, visite la página web de Darakwon.

El presente libro fue seleccionado por la Agencia de Promoción de la Industria
Editorial de Corea dentro del "Proyecto de Subvenciones a la Traducción de
Contenidos Editoriales de 2020".

2.ª edición

Coreano fácil Básico

Seung-eun Oh

DARAKWON

Prólogo

　　<Korean Made Easy> 시리즈는 제2언어 혹은 외국어로서 한국어를 공부하는 학습자를 위해 집필되었다. 특히 이 책은 시간적·공간적 제약으로 인해 정규 한국어 교육을 받을 수 없었던 학습자를 위해 혼자서도 한국어를 공부할 수 있도록 기획되었다. <Korean Made Easy> 시리즈는 초판 발행 이후 오랜 시간 독자의 사랑과 지지를 받으며 전세계 다양한 언어로 번역되어 한국어 학습에 길잡이 역할을 했다고 생각한다. 이번에 최신 문화를 반영하여 예문을 깁고 연습 문제를 보완하여 개정판을 출판하게 되어 저자로서 크나큰 보람을 느낀다. 한국어를 공부하려는 모든 학습자가 <Korean Made Easy>를 통해 효과적으로 한국어를 공부하면서 즐길 수 있기를 바란다.

　　시리즈 중 <Korean Made Easy - Starter>는 한글을 전혀 읽지 못하는 학습자를 위한 입문서이다. 한글은 누구나 몇 시간 안에 쉽게 배울 수 있는 과학적인 언어 체계를 지녔다. 이 책은 그러한 한글의 과학적 체계를 설명할 뿐만 아니라, 듣고 발음하고 읽고 쓰는 다양한 연습 활동과 게임을 통해 즐겁게 한글을 공부할 수 있도록 고안된 책이다. 궁극적으로 학습자가 일상생활에서 자주 접하는 어휘나 표현을 익히도록 설계되었다. <Korean Made Easy - Starter> 단 한 권만으로 학습자가 한글을 완벽하게 이해하고 표현할 수 있도록 하는 것이 이 책의 목표이다. 한글을 가르치는 초보 교사가 한글을 어떻게 가르칠지 고민이 될 때에도 이 책이 알차고 즐거운 수업을 준비하는 데 도움이 되기를 기대한다.

　　<Korean Made Easy - Starter>는 크게 "한글 소개"와 한글을 배우는 "10개 과", "24개의 중요 표현"으로 나뉘어 있다. "한글 소개"는 본격적으로 한글을 익히기 이전에 스페인어와 너무 다른 한국어의 특징을 이해할 수 있도록 설명한 것이다. "10개 과"는 각 과가 "준비하기 – 공부하기 – 읽기 활동 – 쓰기 활동 – 종합 문제"의 다섯 단계로 구성되어 있는데, 각 단계에서 다양한 연습 문제와 듣기 자료가 제공되어 학습자가 책의 구성을 따라가는 것만으로도 체계적이고 재미있게 한국어를 학습할 수 있도록 하였다. "24개의 중요 표현"은 한국 생활에서 꼭 알아 두어야 할 표현 24개를 상황 그림과 함께 카드로 제작하여 학습자가 들고 다니면서 적절한 상황에 바로 사용할 수 있도록 하였다.

　　이 책은 많은 분들의 도움으로 완성될 수 있었다. 먼저, 이 책의 개정판을 작업하면서 개정판 원고의 번역과 교정 과정을 훌륭하게 해 주신 Roberto Vega Labanda 교수님과 Katrin Maurer 씨, 정민애 씨께도 진심으로 감사의 인사를 드린다. 이분들의 도움이 있었기에 책의 완성도가 한층 높아졌다고 믿는다. 또한 한국어 교육에 많은 애정과 관심을 보여주시는 다락원의 정규도 사장님과 좋은 책을 만들고자 어려운 길을 마다하지 않는 다락원 한국어출판부의 편집진께도 진심으로 감사의 말씀을 전한다.

　　마지막으로 저자가 마음 편히 책을 완성할 수 있도록 언제나 곁에서 응원해 주시고 기도해 주시는 어머니, 그리고 하늘에서 이 책을 보고 너무도 기뻐해 주실 아버지께 이 책을 바치고 싶다.

오승은

Coreano fácil es una serie de manuales dirigida para aquellos que deseen estudiar coreano como segunda lengua o lengua extranjera. Este manual, en concreto, ha sido diseñado para aquellos que hayan decidido estudiar coreano por su cuenta por no poder recibir educación formal al respecto debido a falta de tiempo o lejanía de los centros educativos que oferten cursos de coreano. Parece que la serie *Coreano fácil* ha sido muy bien recibida y apreciada desde su primera edición. Además, ha sido traducida a varios idiomas, lo que ha convertido a esta serie en una valiosa herramienta para aprender coreano. Como autora, me siento extremadamente recompensada por la publicación de esta edición revisada, la cual incluye ejemplos con innovadores contenidos culturales y ejercicios complementarios adicionales. Espero que todos aquellos interesados en aprender coreano lo puedan hacer de manera eficaz y entretenida por medio de la serie *Coreano fácil*.

Coreano fácil – Básico supone el primer escalón de la serie *Coreano fácil*, ya que está dirigido a todos aquellos que desconocen el sistema de escritura coreano. El *hangul* es un sistema de escritura sistemático que se puede aprender en unas pocas horas de estudio. Este manual no ha sido meramente diseñado para mostrar la sistematicidad del *hangul* sino también para ofrecer una metodología lúdica por medio de ejercicios y actividades que integran la comprensión auditiva, la comprensión lectora y la escritura. Por último, también se ha tratado de ayudar a aquellos que se hayan decidido a dar sus primeros pasos en coreano, aprendiendo palabras y expresiones de uso habitual. En resumen, *Coreano fácil – Básico* es un manual que tiene como objetivo que los estudiantes de coreano puedan dominar el *hangul* de manera satisfactoria. Igualmente confío en que este manual sea una herramienta útil y entretenida que ayude a los docentes coreanos en su complicada misión de enseñar el *hangul*.

Coreano fácil – Básico incluye una introducción al *hangul*, diez unidades didácticas y veinticuatro expresiones útiles. La introducción al *hangul* está compuesta por una serie de explicaciones que tratan las particularidades de este sistema de escritura que tanto difiere del alfabeto español. Las unidades didácticas están divididas en cinco pasos: <¡Calentemos motores!>, <¡A hincar los codos!>, <Práctica de lectura>, <Práctica de escritura> y <Autoevaluación>. Estos pasos permiten aprender el *hangul* de manera sistemática siguiendo su estructura. Finalmente, las veinticuatro expresiones útiles se presentan en una serie de tarjetas ilustradas que los estudiantes pueden llevar consigo y emplearlas cuando las necesiten.

Este manual ha podido ver la luz gracias a la colaboración de muchas personas. En primer lugar, me gustaría mostrarles mi agradecimiento al profesor Roberto Vega Labanda, a Katrin Maurer y a Min-ae Jeong por sus excelentes traducciones y correcciones de la versión revisada de este manual. Gracias a su labor, considero que este manual ha quedado extraordinario. También debo mostrarle mi más sincero agradecimiento al director de Darakwon, el Sr. D. Kyu-do Chung, pues siempre ha mostrado un gran interés en la enseñanza de coreano, así como también al Departamento Editorial de Lengua Coreana de Darakwon en su empeño por crear buenos manuales.

Por último, me gustaría dedicarle este libro a mi madre por su constante apoyo y sus oraciones para que este proyecto se llevara a cabo de manera satisfactoria, así como espero que sea motivo de orgullo para mi padre allá en el Cielo.

Seung-eun Oh

Cómo utilizar este manual

★ Introducción

La estructuración de las sílabas, el sistema fonético y la estructura gramatical del coreano son muy diferentes a los del español. Esta parte del manual se centra en esas diferencias y hace uso de ilustraciones para facilitarles a los hispanohablantes información de gran importancia antes de ponerse a estudiar la lengua coreana.

Sección 1

La sección 1 ofrece una visión general sobre la formación de las vocales y las consonantes del coreano, así como sobre la estructuración de las sílabas.

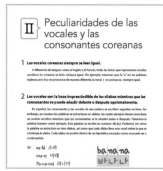

Sección 2

La sección 2 se centra en la singularidad de la estructura de las sílabas en coreano y explica cómo se coreanizan los préstamos lingüísticos del inglés.

Sección 3

La sección 3 versa sobre las diferencias entre las estructuras gramaticales del coreano y el español con la intención de ofrecer un conocimiento general de cómo se estructuras las frases en lengua coreana.

★ Capítulos

Esta parte del manual se compone de diez capítulos en los que se tratan las vocales y las consonantes del coreano. Cada capítulo se encuentra estructurado en cinco pasos: <¡Calentemos motores!>, <¡A hincar los codos!>, <Práctica de lectura>, <Práctica de escritura> y <Autoevaluación>. Los códigos QR permiten tener acceso a varios archivos de audición y ejercicios de comprensión auditiva con los que los estudiantes de coreano pueden irse familiarizando con los contenidos de cada paso. Cada fragmento de audición se repite dos veces. La clave de respuestas a los ejercicios se puede consultar en el Anexo I.

▶ PASO 1 ¡Calentemos motores!

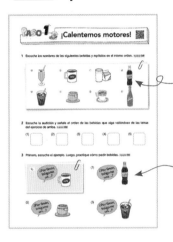

Apoyo visual
Las imágenes permiten que, al hacer los ejercicios de comprensión auditiva, los estudiantes puedan concentrarse en la identificación y comprensión de los sonidos del coreano en los que se expresan ciertos conceptos y objetos de uso diario.

Ejercicios prácticos
En los ejercicios se hace uso práctico del vocabulario aprendido al presentarse en situaciones comunicativas que permiten a los estudiantes practicar la expresión oral basándose en estímulos visuales sin tener que complicarse leyendo. Por otra parte, de esta manera los estudiantes pueden familiarizarse con las maneras de preguntar y responder en coreano. En el Anexo I se pueden consultar las transcripciones de las audiciones.

▶ PASO 2 ¡A hincar los codos!

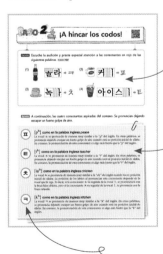

Escuche
Este apartado trata en profundidad la pronunciación de los sonidos vocálicos y consonánticos presentados en el Paso 1 e incluye toda una serie de actividades de refuerzo sobre ellas.

Aprenda
Este apartado presenta los sonidos vocálicos o consonánticos de cada capítulo indicando su articulación y proporcionando explicaciones útiles para su pronunciación ayudándose de imágenes.

* También se incluyen explicaciones detalladas sobre las vocales y consonantes coreanas cuya articulación pueda resultar complicada para los hispanohablantes.

Símbolos fonéticos
Los fonemas que representan las vocales y las consonantes coreanas, aparecen escritos entre corchetes. Los estudiantes podrán familiarizarse con los fonemas vocálicos y consonánticos del coreano gracias a la ayuda de las audiciones que les servirán como modelo a imitar.

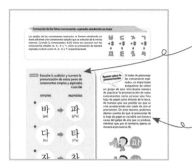

Practique

Cada capítulo cuenta con una serie de audiciones que tienen como objetivo ayudar a pronunciar los sonidos vocálicos o consonánticos del capítulo en cuestión.

Apunte sobre la pronunciación

En este apartado se dan recomendaciones sobre cómo pronunciar aquellas vocales o consonantes que puedan resultar difíciles para los hispanohablantes.

▶ **PASO 3** Práctica de lectura

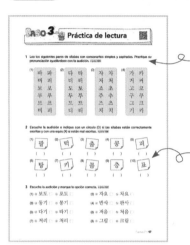

Articulación de sílabas

Este apartado tiene como objetivo practicar la pronunciación de las nuevas vocales o consonantes que presenta cada capítulo con las ya vistas en capítulos anteriores. Los estudiantes pueden practicar su pronunciación apoyándose tanto en las grafías como en las audiciones.

Ejercicios prácticos de lectura de sílabas y palabras

Este apartado se divide en dos partes, las cuales presentan una serie de ejercicios de lectura de sílabas y palabras. Todos los ejercicios de este apartado requieren el empleo de las audiciones.

Importante norma de pronunciación

Este apartado proporciona indicaciones sencillas sobre las normas de pronunciación de una determinada vocal o consonante, o sobre cómo pronunciar una determinada letra según su posición dentro de la palabra. De esta manera, los estudiantes pueden familiarizarse con la ortografía y la correcta lectura de las grafías al entender las diferentes normas ortográficas y fonéticas mientras practican ayudándose con las audiciones.

▶ **PASO 4** Práctica de escritura

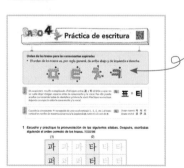

Orden de los trazos

En este apartado se muestra el orden que deben seguir los trazos de las vocales o consonantes que presenta cada capítulo, así como también proporciona una serie de consejos que permitirán evitar los errores caligráficos más comunes entre los estudiantes de coreano.

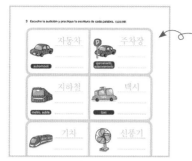

Ejercicios de caligrafía

Este apartado permite a los estudiantes practicar la escritura de los caracteres coreanos por medio de una serie de ejercicios caligráficos en los que deben escribir sílabas y palabras ya vistas en el Paso 3.

▸ **PASO 5** Autoevaluación

Aquí se pueden encontrar toda una serie de juegos en los que se combinan los nuevos contenidos de cada capítulo juntos a los ya vistos en los anteriores capítulos, ofreciendo una práctica integrada de los nuevos conocimientos y los ya adquiridos. Los estudiantes podrán relacionar sonidos con grafías o con significados por medio de estímulos visuales y actividades lúdicas. Asimismo, en el Paso 5 se pueden encontrar toda una serie de palabras coreanas de uso cotidiano, de manera que el objetivo no es la mera práctica de la pronunciación y la identificación oral de palabras, sino también la adquisición de un léxico que sea de utilidad para los estudiantes.

★ Veinticuatro tarjetas con expresiones comunicativas útiles

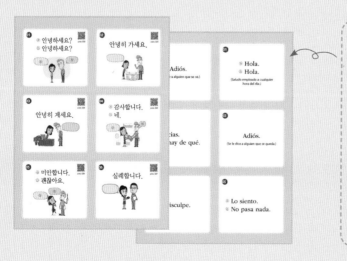

Al final de este manual, los estudiantes podrán encontrar en tarjetas recortables un total de veinticuatro expresiones comunicativas que les serán de gran utilidad cuando necesiten interactuar con coreanos en diferentes situaciones comunicativas. Una vez recortadas, los estudiantes podrán llevar las tarjetas adonde vayan y entenderán en qué situaciones deben emplearse gracias a sus respectivas ilustraciones.

Índice

Tabla de contenidos

★ Preámbulos

★ 10 capítulos

	Palabras para leer y escribir	Importantes normas de pronunciación	Repaso del vocabulario
	아 (감탄), 아우, 아이, 어이, 오 (다섯), 오이, 이 (둘), 이 (치아)		
	나라, 나리, 나무, 너무, 노루, 누나, 마무리, 머루, 머리, 모이, 무리, 미리, 어머니, 어미, 오리, 우리, 이마, 이모, 이미		
	가수, 거리, 고구마, 고기, 구두, 그리고, 기사, 기자, 다시, 도시, 두부, 드라마, 모두, 모자, 바다, 바로, 바지, 버스, 보기, 비, 서로, 아버지, 오후, 자리, 지도, 지하, 하나, 하루, 허리, 후기		
	가방, 강, 거울, 공항, 국, 남산, 남자, 눈, 다섯, 돈, 문, 미국, 바람, 밥, 부모님, 사랑, 사진, 선물, 수업, 시간, 시작, 아들, 아줌마, 옷, 우산, 운동, 음식, 이름, 일곱, 점심, 젓가락, 정말, 종이, 주말, 집, 한국, 한복	녹음, 단어, 발음, 언어, 얼음, 웃음, 음악, 직업	los puntos cardinales (동, 서, 남, 북) elementos y fenómenos naturales (산, 나무, 강, 절, 섬, 하늘, 구름, 비, 바람, 눈)
	경기, 공연, 귤, 금연, 목욕, 무료, 병, 수영, 아니요, 안경, 안녕, 야구, 약, 양말, 양복, 여기, 여자, 역, 연습, 영수증, 영어, 요금, 요리, 요즘, 우유, 유명, 일요일, 저녁, 조용, 학교, 현금, 형	국민, 벚나무, 빗물, 숙녀, 식물, 업무, 입문, 잇몸, 작년	estaciones del año (봄, 여름, 가을, 겨울)
	가게, 계단, 계산, 계속, 내일, 냄새, 냉장고, 넷, 노래, 매일, 맥주, 문제, 배, 벌레, 베개, 비행기, 색, 생각, 생선, 생일, 선생님, 세계, 소개, 숙제, 시계, 실례, 아내, 아래, 얘기, 어제, 예술, 예약, 오래, 재미, 해	난리, 설날, 신라, 신랑, 실내, 연락, 진료	
	경찰, 경치, 기차, 김치, 남편, 도착, 보통, 부탁, 스포츠, 아침, 연필, 우체국, 자동차, 주차장, 지하철, 책, 처음, 추석, 출구, 출발, 춤, 층, 친구, 친절, 침대, 카메라, 컴퓨터, 크림, 택시, 통역, 포도, 표, 핸드폰	높다, 맏형, 못해요, 비슷해요, 생각해요, 연습해요, 육 호선, 이렇게, 입학, 좋다, 축하, 행복해요	países (한국, 미국, 중국, 영국, 일본, 호주, 독일, 인도, 캐나다, 프랑스, 스페인, 멕시코) lugares famosos de Seúl (명동, 남산, 시청, 홍대, 남대문 시장, 동대문 시장, 경복궁, 광화문, 강남역, 서울역, 이태원, 종로)
	가위, 과일, 과자, 관심, 교회, 대사관, 더워요, 돼지, 뒤, 매워요, 문화, 뭐, 바퀴, 병원, 분위기, 사과, 쉬워요, 영화, 왜, 외국, 위, 위험, 의사, 전화, 죄송, 주의, 최고, 취미, 취소, 화장실, 회사, 훼손, 휘파람	거의, 무늬, 예의, 의미, 의사, 의자, 주의, 편의점, 회의, 희망, 흰색	días de la semana (월요일, 화요일, 수요일, 목요일, 금요일, 토요일, 일요일) lugares (은행, 시장, 주유소, 편의점, 병원, 약국, 영화관, 공원, 교회, 식당, 카페, 화장실, 지하철역, 학교, 공항, 집 , 주차장) profesiones (선생님, 학생, 경찰, 회사원, 주부, 가수, 의사, 간호사, 기자, 화가)
	가끔, 기뻐요, 깜짝, 꼭, 꿈, 느낌, 딸, 딸기, 땀, 때문, 떡, 뚜껑, 뜻, 바빠요, 비싸요, 빨래, 빨리, 빵, 싸요, 쌈, 쓰레기통, 씨, 아저씨, 오른쪽, 오빠, 이따가, 잠깐, 찌개, 찜질방	갑자기, 낮잠, 늦게, 듣기, 목소리, 박수, 숟가락, 습관, 식당, 약속, 역시, 옷장, 입구, 책상, 혹시	frutas (사과, 배, 딸기, 포도, 수박, 바나나, 감, 귤)
	값, 까닭, 꽃, 끝, 닭, 닭고기, 돌솥, 몇, 무릎, 밑, 밖, 부엌, 빛, 삶, 숯불, 숲, 앉아요, 않아요, 여덟, 옆, 있어요, 잎, 흙	많이, 몇 살, 밑줄, 밖, 볶음, 싫어요, 앞, 없어요, 옆집, 잃어요, 젊음	ubicaciones (앞, 뒤, 옆, 오른쪽, 왼쪽, 위, 아래, 안, 밖) partes del cuerpo (머리, 눈, 코, 귀, 입, 목, 어깨, 가슴, 배, 팔, 손, 허리, 다리, 무릎, 발)

I ⎫ Introducción al *hangul*

1 ¿Qué es el *hangul*?

El *hangul*, nombre que recibe el sistema de escritura coreano creado por el rey Sejong, cuarto monarca de la dinastía Joseon, se empezó a extender entre las masas en torno al año 1446. Antes de la creación del *hangul*, los intelectuales hacían uso de los caracteres chinos para escribir pero el grueso del pueblo, que no podía dedicarle todo el tiempo y el esfuerzo que requiere el aprendizaje de los caracteres chinos, estaba condenado al analfabetismo.

Consciente de la dificultad que entrañaba el aprendizaje de los caracteres chinos para la gente común, proporcionó a sus súbditos un sistema de escritura que permitía escribir el coreano tal y como sonaba. En la actualidad, los lingüistas reconocen que se trata de una creación muy ingeniosa por su carácter sistemático y científico.

Aunque al principio aprender el *hangul* pueda parecer una tarea engorrosa, resulta relativamente sencillo empezar a leer y escribir una vez que se han aprendido las diecinueve consonantes y las veintiuna vocales. Pero empecemos viendo cómo surgió el *hangul*.

2 ¿Cómo se ideó el *hangul*?

(1) Las vocales

Las veintiuna vocales que conforman el *hangul* son el fruto de la combinación de tres elementos: el punto "•", que representa el cielo (*cheon*), la línea horizontal "—", que representa la tierra (*ji*) y la línea vertical " | ", que representa al ser humano (*in*).

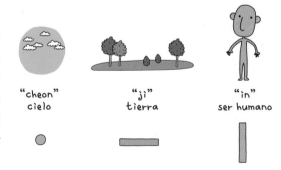

"cheon"
cielo

"ji"
tierra

"in"
ser humano

Por ejemplo, la vocal ㅏ se forma colocando el signo del cielo "•" a la derecha del signo del ser humano "ㅣ", mientras que la vocal ㅗ se forma escribiendo el signo de la tierra "—" debajo del signo del cielo "•".

Las vocales que se forman añadiendo el signo del cielo "•" al signo del ser humano "ㅣ", se denominan vocales verticales, mientras que aquellas vocales que se forman añadiendo el signo del cielo "•" al signo de la tierra "—", se denominan vocales horizontales. La posición de las consonantes varía ligeramente si acompañan vocales verticales o vocales horizontales. Los diptongos se escriben colocando dos vocales juntas en la misma sílaba.

(2) Las consonantes

El *hangul* cuenta en la actualidad con un total de diecinueve consonantes, las cuales se escriben tratando de imitar la articulación de la lengua y otros órganos involucrados en la pronunciación de cada consonante. Por ejemplo, la grafía ㅁ [m] deriva de la forma que adoptan los labios cuando se pronuncia esta consonante. Por su parte, la grafía ㄴ [n] deriva de la forma que adquiere la lengua cuando se pronuncia esta consonante, para lo cual la lengua toca con la punta la parte de la boca que hay detrás de los dientes superiores.

En las imágenes de abajo se puede ver la articulación de las consonantes simples ㅁ, ㄴ, ㅅ, ㄱ y ㅇ.

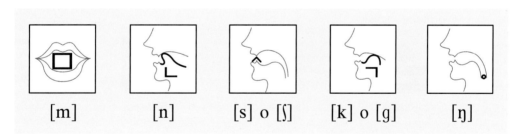

[m]   [n]   [s] o [ʃ]   [k] o [g]   [ŋ]

Por medio de trazos adicionales, estas consonantes simples sirven como base para escribir otras consonantes, las cuales se pronuncian con la lengua en la misma posición o sin que varíe la forma de los labios. Por ejemplo, como la ㅁ [m] se pronuncia con los dos labios pegados, su grafía sirve de base para escribir las grafías de ㅂ [p], ㅍ [pʰ] y ㅃ [p͈], las cuales también se pronuncian con los labios pegados.

3 ¿Cómo se escriben juntas las consonantes y las vocales?

En español, las letras de una palabra se escriben seguidas y se pronuncian en ese orden. En coreano esto también es así pero, además, las letras que conforman una misma sílaba, se escriben agrupadas tal y como puede verse en la imagen de la derecha. Si la palabra tiene dos sílabas, las letras de cada sílaba se agrupan en un mismo hipotético recuadro como en la imagen.

En coreano, cada consonante y cada vocal tienen su propio valor fonético. Al escribirse una vocal, esta siempre necesitará ir precedida por una consonante. La vocal es la base de la sílaba coreana y por lo tanto las consonantes se escriben delante o debajo de la vocal para conformar una sílaba. Posteriormente, las sílabas se agrupan en palabras.

En coreano, existen cuatro tipos de sílabas según se combinen las vocales y las consonantes.

---

❶ **Sílabas compuestas únicamente por un sonido vocálico (vocales precedidas por la consonante muda "ㅇ")**

En el lenguaje oral, hay sílabas que están constituidas únicamente por un sonido vocálico. Sin embargo, en el lenguaje escrito, las vocales siempre han de ir precedidas por una consonante y en estos casos se coloca la consonante muda "ㅇ" delante de la vocal. La "ㅇ" muda se escribe a la izquierda de las vocales verticales (ㅏ, ㅓ y ㅣ) y encima de las vocales horizontales (ㅗ, ㅜ y ㅡ).

▸ ㅇ muda + vocal

vocal horizontal

vocal vertical

diptongo

❷ **Sílabas compuestas por una vocal precedida por una consonante**

En coreano, las consonantes no pueden constituir una sílaba por sí mismas, por lo que siempre requieren un apoyo vocálico. Si la sílaba no empieza por vocal sino por consonante, la consonante sustituye a la consonante muda "ㅇ".

▸ consonante inicial + vocal

vocal horizontal

vocal vertical

diptongo

❸ **Sílabas compuestas por una vocal seguida de una consonante**

Las consonantes en posición final de sílaba se denominan en coreano *batchim*. Como se puede ver en las imágenes de abajo, la sílaba se estructura en tres partes y la *batchim* siempre ocupa la parte inferior de la sílaba.

▸ ㅇ muda + vocal + consonantes finales (*batchim*)

vocal horizontal

vocal vertical

diptongo

❹ **Sílabas compuestas por una vocal entre consonantes**

La consonante inicial se escribe junto a la vocal en la parte superior de la sílaba, mientras que la consonante final (*batchim*) se escribe en la parte inferior.

▸ consonante inicial + vocal + consonantes finales (*batchim*)

vocal horizontal

vocal vertical

diptongo

4 ¿En qué orden se deben escribir los trazos de las consonantes y las vocales?

La escritura de las letras coreanas se basa en dos principios básicos. El primero es que los trazos horizontales deben ir de izquierda a derecha y el segundo es que los trazos verticales deben ir de arriba abajo.

Ⅱ Peculiaridades de las vocales y las consonantes coreanas

1 Las vocales coreanas siempre se leen igual.

A diferencia de lenguas como el inglés o el francés, todas las letras que representan sonidos vocálicos en coreano se leen siempre igual. Por ejemplo, mientras que la "u" en las palabras inglesas *put y bus* se pronuncia de manera diferente, la vocal ㅏ se pronuncia siempre igual.

2 Las vocales son la base imprescindible de las sílabas mientras que las consonantes se puede añadir delante o después opcionalmente.

En español, las consonantes y las vocales de una palabra se escriben seguidas en línea. Sin embargo, en coreano las palabras se estructuran en sílabas, las cuales siempre tienen como base un sonido vocálico mientras que las consonantes se le añaden antes o después. Tomemos la palabra banana como ejemplo. Esta palabra se escribe en coreano 바나나. Podemos ver cómo la palabra se estructura en tres sílabas, así como que cada sílaba lleva una vocal sobre la que se construye la sílaba. Cada sílaba se escribe dentro de un hipotético recuadro como se puede ver a continuación.

Ej.   s<u>o</u>-f<u>á</u> 소파

m<u>a</u>-t<u>e</u> 마테

P<u>a</u>-n<u>a</u>-m<u>á</u> 파나마

3 En coreano, las consonantes requieren de un apoyo vocálico para su pronunciación.

La palabra gas es monosílaba, ya que la "s" final no requiere de un apoyo vocálico extra. Sin embargo, en coreano esta palabra es bisílaba: 가스. Esto se debe a que en coreano, la consonante ㅅ no puede pronunciarse sin un apoyo vocálico posterior, por lo que se le añade la vocal ㅡ en función epentética, dando lugar al bisílabo 가스 [kʌsɯ]. Lo mismo ocurre con Madrid, que en español tiene dos sílabas pero que en coreano tiene cuatro sílabas: 마드리드 [madɯɾidɯ]. Esto se debe a que, mientras que en español ninguna de las dos "d" de Madrid necesita ir seguida de un apoyo vocálico posterior, en coreano es necesaria la inclusión de la vocal ㅡ en función epentética.

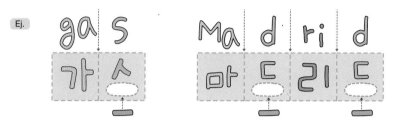

4 Las vocales simples siempre se leen de la misma manera.

En coreano, las vocales simples ㅏ [a], ㅗ [o] y ㅐ [ɛ] se pronuncian igual en cualquier palabra, mientras que en inglés las vocales se pueden leer de maneras muy diferentes. Por ejemplo, la letra "i" en la palabra inglesa *ice* (hielo) se pronuncia [aɪ]. Por ello, al escribirse esa palabra en *hangul* es necesario utilizar dos vocales: 아이. De esta manera, el monosílabo inglés *ice* se incorpora al coreano como una palabra trisílaba 아이스.

Ej. rice (arroz) 라이스

5 La "-r" posvocálica de los préstamos del inglés desaparece.

Cuando se incorporan préstamos del inglés que contienen una "r-" inicial, esta pasa a ㄹ en *hangul*. Sin embargo, cuando se incorporan préstamos del inglés que contienen una "-r" en posición final de sílaba, esa "-r" se omite al escribirse en *hangul*. Tomemos la palabra inglesa *card* (tarjeta) como ejemplo. Esta palabra que es monosílaba en inglés, pasa a ser bisilábica en coreano además de perder la "-r" posvocálica. Vemos que en 카드 la consonante inicial ㅋ se coloca antes de la vocal ㅏ. Para poder pronunciar la consonante final [d], en coreano es necesario añadirle la vocal epentética ㅡ a la consonante ㄷ, ya que el sonido [d] no se puede pronunciar sin apoyo vocálico. Sin embargo, en el caso de la "-r" en posición final de sílaba no se usa la consonante ㄹ seguida de un apoyo vocálico sino que se omite.

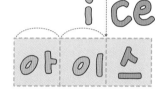

Ej. mart (supermercado) 마트 [matɯ]

car (automóvil) 카 [kʰa]

6 Las consonantes "p" y "f", "b" y "v", y "l" y "r" se transcriben en *hangul* por una misma consonante.

En coreano, no existe el fonema [f], por lo que los préstamos lingüísticos que contienen este sonido usan la ㅍ [pʰ] como equivalente. El coreano carece del sonido de la "v" inglesa, así que en los préstamos lingüísticos se usa la ㅂ tanto para la "b" como para la "v". En el caso de las letras "l-" y "r-" en posición inicial de palabra, no es posible trasladarlas al coreano de manera diferente, por lo que ambas pasan a escribirse con una ㄹ inicial. De manera que palabras inglesas que son diferentes en inglés porque tanto la pronunciación como el significado son distintos, se pronuncian igual en coreano. Este es el caso de *pan* (sartén) y *fan* (aficionado, admirador), puesto que ambas se escriben en *hangul* 팬. Los mismos ocurren con *ban* (prohibición) y *van* (furgoneta), pues ambas se escriben 밴, así con *leader* (líder) y *reader* (lector), pues ambas se escriben como 리더.

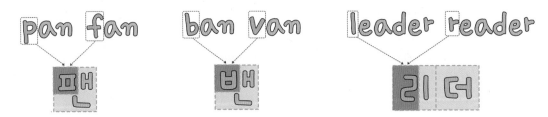

7 Sonidos del inglés que no existen en coreano.

El coreano no tiene sonidos equivalentes al de la [z] inglesa en palabras como *quiz* o al de la [θ] inglesa en palabras como *health*. La "z" del inglés se translitera en *hangul* como ㅈ [dʑ], de manera que la palabra *quiz* (examen, control) pasa en coreano a 퀴즈, por lo que se pronuncia [kʰwidʑɯ] en lugar de su pronunciación de origen [kʰwɪz]. La "th" del inglés se translitera en *hangul* como ㅅ [s], de manera que la palabra *health* (salud) pasa en coreano a 헬스, por lo que se pronuncia [helsɯ] en lugar de su pronunciación de origen [helθ].

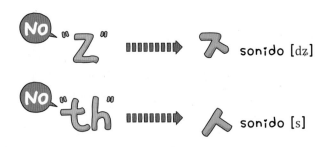

III Peculiaridades de las frases en coreano

1 El verbo siempre se ubica al final de la frase.

Al igual que suele suceder en español, en coreano el sujeto siempre se escribe al principio de la frase. Por el contrario, a diferencia del español, el verbo siempre se coloca al final de la frase.

Ej. 저는 책을 읽어요.

Yo leo libros.

2 En coreano, los adjetivos también se colocan al final de la frase cuando son el predicado de la frase.

A diferencia del español, cuando un adjetivo es el núcleo del predicado, en coreano no es necesario que el adjetivo vaya acompañado de un verbo copulativo como ser o estar. En estos casos, los adjetivos se colocan al final de la frase, al igual que los verbos.

Ej. 한국 단어는 발음하기 쉬워요.

Las palabras coreanas son fáciles de pronunciar.

3 Los verbos y los adjetivos coreanos se conjugan añadiéndoles desinencias a sus raíces.

La forma básica de los verbos y los adjetivos se constituye añadiendo −다 a sus raíces, equivaliendo esa forma básica en español al infinitivo. Los verbos y los adjetivos se conjugan sustituyendo −다 por otras desinencias igual que los verbos españoles se conjugan sustituyendo el morfema de infinitivo "-ar" por las desinencias de la conjugación.

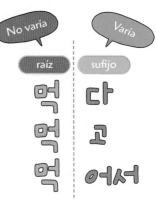

Ej.	raíz	sufijo
	먹	다
	먹	고
	먹	어서
	먹	지만

Ej.	raíz	sufijo
	비싸	다
	비싸	고
	비싸	서
	비싸	지만

4 Las desinencias nominales

En coreano, la función que las palabras desempeñan en una frase no viene indicada por su ubicación dentro de la frase, como sucede en mayor o menor medida en inglés, sino por medio del uso de una serie de desinencias nominales que indican su función. En ese sentido, estas desinencias nominales se parecen a las preposiciones del español solo que se colocan detrás en lugar de hacerlo delante y que se escriben pegadas a los sustantivos. Gracias a que estas desinencias nominales indican las funciones que tienen las palabras, el orden de las palabras en coreano resulta bastante flexible, ya que no sirve para indicar las funciones que tienen las distintas palabras que constituyen una frase. No obstante, pese a que el orden de las palabras es relativamente flexible, el sujeto siempre aparece en primer lugar y el verbo al final de la frase, colocándose los complementos entre ellos.

5 El sujeto se suele omitir en coreano.

Es muy común que el sujeto se omita en coreano, en especial cuando el sujeto se corresponde con la 1.ª persona en las oraciones enunciativas y la 2.ª persona en las oraciones interrogativas. Por otra parte, cuando el sujeto de varias frases es el mismo, se puede omitir a partir de su primera mención. Aunque el sujeto se omite, en general es posible identificarlo gracias al contexto.

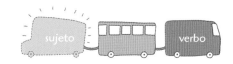

> Ej. A: 어디에 가요?   ¿Adónde vas (tú)?
>
> (Se omite el sujeto de 2.ª persona.)
>
> B: (저는) 집에 가요. (Yo) voy a casa
>
> (Se omite el sujeto de 1.ª persona.)

6 El orden de las palabras dentro de la oración es idéntico en las preguntas (oraciones interrogativas) y en las respuestas (oraciones enunciativas).

A diferencia de lo que en ocasiones sucede en español, en coreano el orden de las palabras no varía entre las oraciones enunciativas y las interrogativas. Por ejemplo, mientras que el orden de la pregunta <¿Quién es él > es atributo + verbo + sujeto, el orden de la respuesta <Él es Pablo.> es sujeto + verbo + atributo, en coreano se mantiene el mismo orden. En otras palabras, el orden de las palabras al hacer una pregunta y al contestar a una pregunta, es prácticamente el mismo. No obstante, las preguntas siempre se escriben con un signo de interrogación final que representa la entonación ascendente en la que suelen acabar las oraciones interrogativas. Por su parte, como las respuestas terminan en la entonación descendente característica de las oraciones enunciativas, se escriben con un punto al final. Tanto las preguntas totales (las que se responden con sí o no) como las parciales (las que se construyen con pronombres interrogativos), al igual que sus respuestas, comparten el mismo orden de las palabras en su estructura.

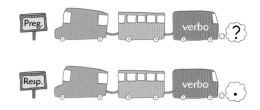

> Ej. A: 점심을 먹었어요?   ¿Has almorzado?
>
> B: 네, 점심을 먹었어요. Sí, he almorzado.
>
> A: 어디에서 먹었어요? ¿Dónde has comido?
>
> B: 한식집에서 먹었어요. He comido en un restaurante coreano.

7 En coreano no existe concordancia entre el sujeto y el verbo de una frase ni en persona (1.ª, 2.ª o 3.ª personas) ni en número (singular o plural).

En español, los verbos se conjugan según la persona y el número gramatical del sujeto. Es decir, si el sujeto es "yo" el verbo "estudiar" se conjuga en español "estudio", en 1.ª persona de singular. Sin embargo, nada parecido existe en coreano, pues la forma del núcleo del predicado, tanto un verbo como un adjetivo, es la misma independientemente del número y la persona gramaticales.

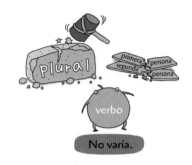

Ej.		
	제가 학교에 가요.	Yo voy a la escuela.
	그 사람이 학교에 가요.	Esa persona va a la escuela.
	사람들이 학교에 가요.	Las personas van a la escuela.

8 En coreano, el núcleo del predicado debe ir en una forma de respeto si el sujeto es alguien a quien se debe mostrar deferencia.

Si el sujeto de la frase coreana se refiere a alguien de mayor edad o mayor categoría que el hablante, se debe emplear una forma de respeto. Esto implica que el verbo o adjetivo que sean el núcleo del predicado debe llevar el infijo de respeto, el cual se coloca entre la raíz del verbo o adjetivo y el sufijo de la conjugación.

para referirse a alguien de mayor edad o categoría

Ej.			
	(forma neutra)	친구가 학교에 가요.	Mi amigo va a la escuela.
	(forma de respeto)	아버지가 학교에 가세요.	Mi padre va a la escuela.

9 En coreano, se pueden añadir diferentes tipos de desinencias a la raíz del núcleo del predicado según la situación.

Al hablar en coreano, las oraciones terminan en diferentes desinencias de acuerdo con las particularidades de la situación en la que la comunicación tenga lugar. Por ejemplo, en la situaciones formales, es habitual que las frases terminen en −(스)ㅂ니다 [sumnida], mientras que en situaciones algo más relajadas las frases suelen terminar en −아/어요. La relación existente entre el hablante y su interlocutor, así como factores como su edad, su estatus social, el grado de confianza, etc.), influyen en que se haga uso de una terminación concreta frente a otras.

Ej.

▶ **Según la situación**

오늘 날씨가 좋습니다.

Hace buen tiempo hoy.

(situación formal empleada, por ejemplo, en una reunión de negocios)

오늘 날씨가 좋아요.

Hace buen tiempo hoy.

(situación más relajada empleada, por ejemplo, con un pariente)

▶ **Según la relación existente entre el hablante y el interlocutor**

전화번호를 써 주세요.

Escríbame su número de teléfono, por favor.

(forma de respeto empleada, por ejemplo, en una reunión de negocios)

전화번호를 써 줘.

Escríbeme tu número de teléfono.

(forma coloquial informal empleada, por ejemplo, con un compañero de clase o un hermano)

Seis vocales
simples

ㅏ ㅓ ㅗ ㅜ ㅡ ㅣ

¡Calentemos motores!

1 Escuche la audición y repita los números en orden. ▶ pista **001**

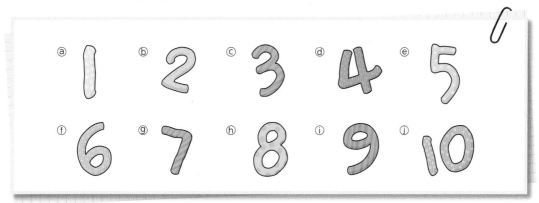

2 Escuche la audición y marque la opción correcta. ▶ pista **002**

(1) 1 ☐ 2 ☐   (2) 3 ☐ 4 ☐   (3) 7 ☐ 8 ☐   (4) 6 ☐ 9 ☐

3 Escuche la audición y escriba los números que oiga. ▶ pista **003**

(1)   (2)   (3)   (4)

4 Lea los siguientes números y compruebe sus respuestas escuchando la audición.
▶ pista **004**

Nota: La lectura coreana de "0" es [koŋ] pero aquí se lee [goŋ]; es decir, la consonante inicial se pronuncia de manera más suave. El guion "−" en coreano se lee [e].

¡A hincar los codos!

Escuche Lea los siguientes números. Estos números se escriben de la siguiente manera. ▶ pista 005

(1) 2 ➡ 이   (2) 5 ➡ 오

Aprenda Estas son las seis vocales simples del coreano. Escuche la audición y repita las vocales.

▶ pista 006

[a] **como en** *salsa*

La vocal ㅏ se pronuncia prácticamente igual que la "a" del español.

[ʌ] **como** *bus* **en inglés**

En español no hay ningún equivalente a la vocal coreana ㅓ. Esta vocal se encuentra a medio camino entre la pronunciación de la "a" y la "o" del español. De hecho, es como pronunciar una "o" pero abriendo tanto la boca como si se fuera a pronunciar una "a", por lo que se podría describir como una "o abierta". Al pronunciar esta vocal se deja la mandíbula relajada y no se fruncen los labios, pero hay que tratar de no pronunciarla de manera demasiado exagerada.

[o] **como en** *solo*

La vocal ㅗ se pronuncia de manera muy parecida a la "o" del español, aunque al pronunciar la vocal coreana se cierran más los labios que en el caso de la "o" española.

[u] **como en** *luz*

La vocal ㅜ se pronuncia de forma muy similar a la "u" del español, aunque al pronunciar la vocal coreana se cierran algo más los labios que en el caso de la "u" española.

[ɯ] **similar a la onomatopeya** *hum*

En español no hay ningún equivalente a la vocal coreana ㅡ. Esta vocal se pronuncia de manera parecida a la "u" pero, en lugar de redondear los labios, hay que estirarlos como cuando uno sonríe. Se trata de un sonido breve y suave, por lo que nunca se ha de exagerar.

[i] **como en** *mil*

La vocal ㅣ se pronuncia prácticamente igual que la "i" del español, estirando los labios como cuando uno sonríe.

La consonante muda "ㅇ"

Al hablar coreano, una sílaba puede estar constituida solamente por una vocal sin necesidad de ninguna consonante. Sin embargo, al escribir, no se puede escribir una vocal sola sino que ha de escribirse precedida por una consonante. En los casos en los que no hay ningún sonido consonántico, se ha de escribir ㅇ delante de la vocal. Esta consonante es muda, por lo que sería equivalente a la "h" del español.

consonante muda "ㅇ"

ubicación de la consonante inicial

estructura silábica del hangul

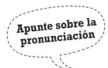 **Apunte sobre la pronunciación**

La pronunciación de las vocales difiere en cuanto a la apertura de la boca, la posición de la lengua y la forma de los labios. Fíjese en la forma de los labios de las siguientes imágenes y practique delante de un espejo para asegurarse de que sus labios estén en una posición similar cuando pronuncie estas vocales.

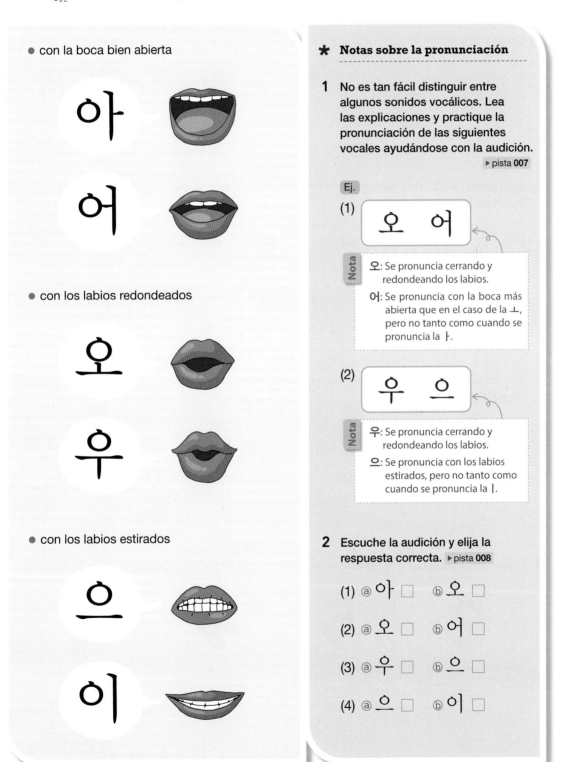

• con la boca bien abierta

아

어

• con los labios redondeados

오

우

• con los labios estirados

으

이

✱ Notas sobre la pronunciación

1 No es tan fácil distinguir entre algunos sonidos vocálicos. Lea las explicaciones y practique la pronunciación de las siguientes vocales ayudándose con la audición. ▸ pista **007**

Ej.

(1) 오 어

Nota 오: Se pronuncia cerrando y redondeando los labios.

어: Se pronuncia con la boca más abierta que en el caso de la ㅗ, pero no tanto como cuando se pronuncia la ㅏ.

(2) 우 으

Nota 우: Se pronuncia cerrando y redondeando los labios.

으: Se pronuncia con los labios estirados, pero no tanto como cuando se pronuncia la ㅣ.

2 Escuche la audición y elija la respuesta correcta. ▸ pista **008**

(1) ⓐ 아 ☐   ⓑ 오 ☐

(2) ⓐ 오 ☐   ⓑ 어 ☐

(3) ⓐ 우 ☐   ⓑ 으 ☐

(4) ⓐ 으 ☐   ⓑ 이 ☐

Práctica de lectura

1 Lea las siguientes vocales y practique su pronunciación con ayuda de la audición. ▶ pista **009**

ⓐ 아　ⓑ 어　ⓒ 오　ⓓ 우　ⓔ 으　ⓕ 이

2 Escuche la audición y señale el orden de las vocales que oiga valiéndose de las letras del ejercicio anterior. ▶ pista **010**

(1) ⓑ → ☐ → ☐ → ☐ → ☐ → ☐

(2) ☐ → ☐ → ☐ → ☐ → ☐ → ☐

3 Escuche la audición y señale las palabras que oiga así como su orden por medio de números. ▶ pista **011**

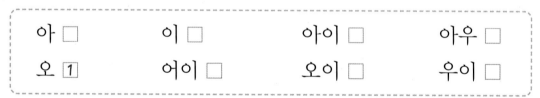

아 ☐　　이 ☐　　아이 ☐　　아우 ☐

오 1　　어이 ☐　　오이 ☐　　우이 ☐

4 Escuche la audición y relacione cada imagen con la palabra correspondiente. ▶ pista **012**

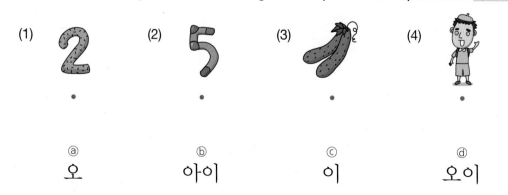

(1)　　　(2)　　　(3)　　　(4)

ⓐ 오　　ⓑ 아이　　ⓒ 이　　ⓓ 오이

Práctica de escritura

Orden de los trazos para escribir las vocales

▸ Los trazos rectos de las vocales se escriben de arriba abajo y de izquierda a derecha. Los círculos se escriben trazando una circunferencia en sentido contrario a las agujas del reloj empezando por arriba.

1 Escuche y practique la pronunciación de las siguientes sílabas. Después escríbalas siguiendo el orden correcto de los trazos. ▸ pista 013

Nota

- Los dos trazos de las vocales ㅏ, ㅓ, ㅗ y ㅜ deben escribirse pegados.

  Sin embargo, la consonante muda ㅇ puede escribirse pegada o separada del trazo menor de las vocales ㅓ y ㅗ. Pueden existir diferencias entre las letras escritas a mano y las impresas, pero el número de trazos es siempre el mismo.

  Ej.1 어 = 어

  Ej.2 오 = 오

- En ocasiones ㅣ se escribe ㅣ y ㅇ se escribe ㆁ. Son solo dos estilos diferentes de escribir estas letras pero el número de trazos sigue siendo el mismo.

  Ej.3 이 = 이

2 Escuche la audición y escriba las sílabas que oiga. ▸ pista 014

(1) [ ]   (2) [ ]   (3) [ ]   (4) [ ]

(5)    (6) 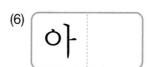   (7)    (8)

3 Escuche la audición y practique la escritura de cada palabra. ▶ pista **015**

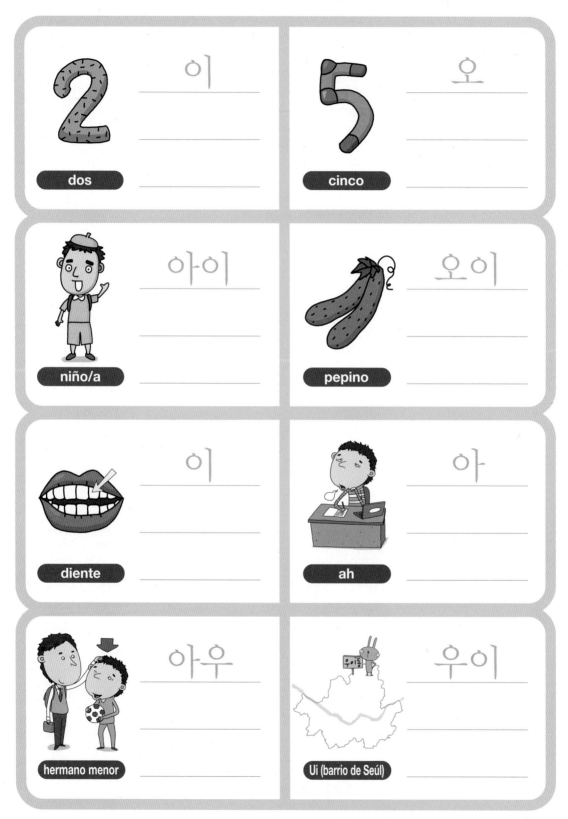

이

dos

오

cinco

아이

niño/a

오이

pepino

이

diente

아

ah

아우

hermano menor

우이

Ui (barrio de Seúl)

 Autoevaluación

1 Escuche la audición e indique con un círculo (O) si las sílabas están correctamente escritas y con una equis (X) si están mal escritas. ▶ pista **016**

(1)
( )

(2)
( )

(3)
( )

(4)
( )

2 Escuche la audición y numere las palabras según el orden en el que las oiga. ▶ pista **017**

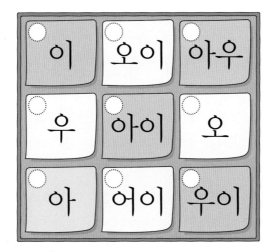

3 Escuche la audición y escriba las sílabas que faltan en las siguientes palabras. ▶ pista **018**

(1)

(2)

(3)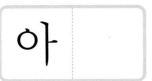

(4)

Tres consonantes simples

ㅁ ㄴ ㄹ

¡Calentemos motores!

1 Escuche la audición y repita los nombres de los siguientes platos en el mismo orden.

▶ pista **019**

2 Escuche la audición e indique los platos que oiga valiéndose de las letras del ejercicio anterior. ▶ pista **020**

(1) 　(2)　(3)　(4)　(5)

3 Primero, escuche los ejemplos. Luego, escuche las preguntas y responda. ▶ pista **021**

(1) 　(2)

(3) 　(4)

¡A hincar los codos!

Escuche Escuche la audición y preste atención a la consonante inicial de las siguientes palabras.

▶ pista **022**

(1)

$[m]$ ➡ ㅁ

(2)

¡Sí!

$[n]$ ➡ ㄴ

(3)

$[ɾ]$ o $[l]$ ➡ ㄹ

Aprenda Estas son tres consonantes consideradas simples.

ㅁ
$[m]$ como en *mamá* y *mimbre*
La vocal ㅁ se pronuncia prácticamente igual que la "m" del español.

ㄴ
$[n]$ como en *no* y *nación*
La vocal ㄴ se pronuncia prácticamente igual que la "n" del español.

ㄹ
$[ɾ]$ como en *caro* y $[l]$ como en *lila*
Cuando la consonante ㄹ se encuentra en posición final de sílaba, se suele pronunciar como la "l" del español. Sin embargo, cuando la ㄹ va seguida de un sonido vocálico, el sonido se produce golpeando con la punta de la lengua el techo de la boca por detrás de los dientes superiores, de forma muy parecida a la "r" simple del español.

Muchas sílabas se componen de una consonante seguida de una vocal. Escuche la audición y repita las siguientes sílabas. ▶ pista 023

- sílabas compuestas por una consonante seguida de ㅏ

❶

❷

❸

- sílabas compuestas por una consonante seguida de ㅗ

❹

❺

오 ➡ 노
[o]　　[no]

❻

오 ➡ 로
[o]　　[ɾo]

- sílabas compuestas por una consonante seguida de ㅣ

❼

❽

❾

✱ **Notas sobre la pronunciación**

Escuche las siguientes palabras e intente identificar si hay diferencias en la pronunciación de la consonante ㄹ. ▶ pista 024

Ej.

(1) 라라

(2) 루루

(3) 리리

Práctica de lectura

1 Lea las siguientes vocales y practique su pronunciación ayudándose con la audición.

▶ pista 025

(1)

(2)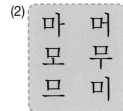

(3)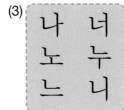

(4)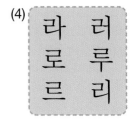

2 Escuche la audición e indique con un círculo (O) si las sílabas están correctamente escritas y con una equis (X) si están mal escritas. ▶ pista 026

(1)

( )

(2)

( )

(3)

( )

(4)

( )

3 Escuche la audición y marque la opción correcta. ▶ pista 027

(1) ⓐ 니 ☐ ⓑ 리 ☐   (2) ⓐ 너 ☐ ⓑ 머 ☐   (3) ⓐ 느 ☐ ⓑ 누 ☐

(4) ⓐ 므 ☐ ⓑ 무 ☐   (5) ⓐ 너 ☐ ⓑ 노 ☐   (6) ⓐ 머 ☐ ⓑ 모 ☐

4 Escuche la audición y numere las sílabas según el orden en el que las oiga. ▶ pista 028

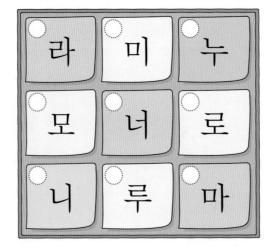

5 Escuche la audición y numere las palabras según el orden en el que las oiga. ▶pista 029

이미 ☐   이마 ☐   나라 ☐   누나 ☐

어미 ☐   머리 ☐   모이 ☐   머루 ☐

나무 ☐   너무 ☐   우리 ☐   노루 ☐

6 Escuche la audición y escriba las sílabas que faltan en las siguientes palabras. ▶pista 030

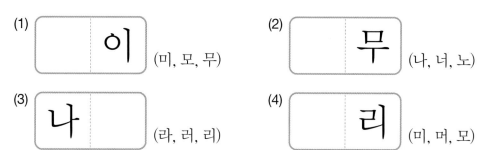

(1) 이 (미, 모, 무)

(2) 무 (나, 너, 노)

(3) 나 (라, 러, 리)

(4) 리 (미, 머, 모)

7 Escuche la audición y relacione cada imagen con la palabra correspondiente. ▶pista 031

(1)   •

(2)   •

(3)   •

(4)   •

ⓐ 이마

ⓑ 나무

ⓒ 머리

ⓓ 어머니

Práctica de escritura

Orden de los trazos para escribir estas consonantes

▸ Las consonantes se escriben por regla general de arriba abajo y de izquierda a derecha.

Nota

- Es importante asegurarse de que los cuatro lados de la ㅁ están perfectamente unidos.

Ej. 1

- Al escribir la ㄴ y la ㄹ, es importante asegurarse de que ningún trazo sobresalga.

Ej. 2

1 Escuche y practique la pronunciación de las siguientes sílabas. Después escríbalas siguiendo el orden correcto de los trazos. ▸ pista **032**

(1)			(2)			(3)		
마	마	마	나	나	나	라	라	라
머	머	머	너	너	너	러	러	러
모	모	모	노	노	노	로	로	로
무	무	무	누	누	누	루	루	루
므	므	므	느	느	느	르	르	르
미	미	미	니	니	니	리	리	리

2 Escuche la audición y complete las siguientes palabras escribiendo las sílabas que faltan.

▶ pista **033**

(1) 이 ☐

(2) 이 ☐

(3) ☐ 무

(4) ☐ 나

(5) 우 ☐

(6) ☐ 니

(7) 나 ☐

(8) ☐ 무

3 Escuche la audición. A continuación señale la sílaba que esté mal escrita y corríjala.

▶ pista **034**

Ej.

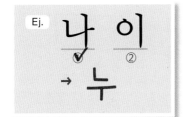

나① 이②
→ 누

(1) 오① 리②
→

(2) 이① 미②
→

(3) 나① 무②
→

(4) 무① 리②
→

(5) 나① 리②
→

4 Escuche la audición y practique la escritura de cada palabra. ▸pista 035

나이

edad

나무

árbol

이마

frente

오리

pato

어머니

madre

머리

cabeza

누나

hermana mayor
(de un varón)

나라

país

Escuche la audición y encuentre el camino correcto identificando las palabras que oiga.

▶ pista 036

Seis consonantes simples

ㅂ ㄷ ㅅ ㅈ ㄱ ㅎ

¡Calentemos motores!

1 Escuche los nombres de las siguientes ciudades y repítalos en el mismo orden. ▶pista **037**

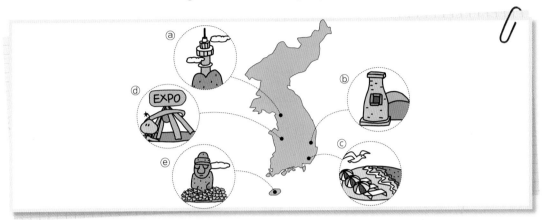

2 Escuche la audición y señale el orden de las ciudades que oiga valiéndose de las letras del ejercicio de arriba. ▶pista **038**

(1)   (2)   (3)   (4)   (5)

3 Primero, escuche el ejemplo. Luego, escuche las preguntas y responda. ▶pista **039**

(1)

(2)

(3)

¡A hincar los codos!

▶ pista **040**

Escuche Escuche la audición y preste atención a la consonante inicial de las siguientes palabras.

(1)

[p] ➡ ㅂ

(2)

[t] ➡ ㄷ

(3)

[tɕ] ➡ ㅈ

(4)

[k] ➡ ㄱ

(5)

[s] ➡ ㅅ

(6)

[h] ➡ ㅎ

Aprenda Estas son seis consonantes consideradas simples en coreano.

Algunas de ellas se pronuncian como algunas de las consonantes estudiadas en el capítulo 2 (ㅁ, ㄴ y ㄹ). Algunas de ellas se escriben añadiendo algunos trazos a las consonantes ya vistas.

[p] como en *paz* y [b] como en *banco*

Cuando la consonante ㅂ se encuentra en posición inicial y final de sílaba, se pronuncia de manera muy similar a la "p" del español. Por el contrario, cuando va precedida por una vocal, la consonante ㅂ se pronuncia como la "b" a principio de palabra, como en *beca*, *bien*, *bueno*, etc.

[t] como en *tejado* y [d] como en *dama*

Cuando la consonante ㄷ se encuentra en posición inicial y final de sílaba, se pronuncia de manera muy similar a la "t" del español. Por el contrario, cuando va precedida por una vocal, la consonante ㄷ se pronuncia como la "d" a principio de palabra, como en *diente*, *dolor*, *duende*, etc.

[s] como en *casa* y [ʃ] como en la palabra inglesa *she*

La consonante ㅅ pronuncia de manera muy similar a la "s" del español cuando va seguida de una vocal. Por el contrario, cuando va precedida por la vocal ㅣ, la consonante ㅅ se pronuncia de manera parecida a la "sh" del inglés en palabras como en *cash, short, shut*, etc.

 [tɕ] como en *mucho* y [dʑ] en la palabra inglesa *juice*

Cuando la consonante ㅈ se encuentra en posición inicial y final de sílaba, se pronuncia de manera muy similar a la "ch" del español. Por el contrario, cuando va precedida por una vocal, la consonante ㅈ se pronuncia de manera parecida a la "j" del inglés en palabras como en *jam, jelly, jump*, etc.

 [k] como en *casado* y [g] como en *gato*

Cuando la consonante ㄱ se encuentra en posición inicial y final de sílaba, se pronuncia de manera muy similar a la "c" del español delante de "a", "o" y "u". Por el contrario, cuando va precedida por una vocal, la consonante ㄱ se pronuncia como la "g" a principio de palabra delante de "a", "o" y "u", como en *gallina, gordo, guante*, etc.

[h] como en la palabra inglesa *him*

La consonante ㅎ se pronuncia de manera muy semejante a la "h" del inglés en palabras como *house, hill, horse*, etc. y como la pronunciación relajada de la "j" en el español caribeño.

Apoyo vocálico

En coreano, las vocales pueden usarse independientemente constituyendo sílabas, pero no es así en el caso de las consonantes. Además, no se pueden pronunciar dos consonantes juntas, ya que en coreano cada consonante necesita un apoyo vocálico inmediato. Por ejemplo, en el caso de la palabra española "drama", las consonantes "d" y "r" se pronuncian juntas dentro de la misma sílaba. Sin embargo, esto no es posible coreano, ya que cada consonante debe tener su propio apoyo vocálico. Como la consonante ㄷ no se puede pronunciar ni escribir sin un apoyo vocálico, se le añade la vocal ㅡ, dando así lugar a la sílaba 드 [dɯ]. Por ello, en coreano se suele hacer uso de la vocal ㅡ para escribir o pronunciar palabras extranejras que contengan consonantes sin apoyos vocálico.

Para pronunciar una consonante es necesario añadirle una consonante. Escuche la audición y repita las siguientes sílabas. ▶pista 041

❶ 아 ➡ 바
[a]   [pa]

❷ 아 ➡ 다
[a]   [ta]

❸ 아 ➡ 사
[a]   [sa]

❹ 아 ➡ 자
[a]   [tɕa]

❺ 아 ➡ 가
[a]   [ka]

❻ 아 ➡ 하
[a]   [ha]

Apunte sobre la pronunciación

La pronunciación de las consonantes ㅂ, ㄷ, ㄱ y ㅈ varía según su ubicación. En posición inicial de palabra, se pronuncian como consonantes sordas (es decir, sin hacer vibrar las cuerdas vocales), de manera muy similar a la pronunciación de las letras "p", "t", "c" y "ch". Sin embargo, cuando van precedidas por una vocal, se pronuncian como consonantes sonoras (es decir, haciendo vibrar las cuerdas vocales), de manera muy similar a la pronunciación de las letras "b", "d" y "g" en español, y de la letra "j" en inglés.

Se pronuncia como [p] por estar a principio de palabra.

Se pronuncia como [b] por estar precedida por una vocal.

✱ Notas sobre la pronunciación

1 La consonante de las siguientes palabras se pronuncian de manera diferente según su posición dentro de la misma. Escuche la audición y repita las palabras. ▶pista 042

Ej.

(1) 부부   (2) 도도
(3) 주주   (4) 기기

2 La pronunciación de la consonante ㅅ varía según la vocal con la que vaya. Escuche la audición y repita las palabras. ▶pista 043

Ej. 사시 [saʃi] 스시 [sɯʃi]

Nota

La pronunciación de la consonante ㅅ varía según la vocal en la que se apoye.

시: Cuando la consonante ㅅ va seguida por la vocal ㅣ, se pronuncia [ʃ], como en la palabra inglesa *she*.

사, 서, 소, 수 y 스: Cuando la consonante ㅅ va delante de ㅏ, ㅓ, ㅗ, ㅜ y ㅡ, se pronuncia [s], como en la palabra española *salón*.

Práctica de lectura

1 Lea las siguientes sílabas y practique su pronunciación ayudándose con la audición.

▶ pista **044**

(1)
바 버
보 부
브 비

(2)
다 더
도 두
드 디

(3)
사 서
소 수
스 시

(4)
자 저
조 주
즈 지

(5)
가 거
고 구
그 기

(6)
하 허
호 후
흐 히

 Nota

Cuando la consonante ㄱ va seguida por una vocal horizontal (es decir, ㅗ, ㅜ o ㅡ), se escribe ㄱ (escribiendo el trazo vertical casi recto). Sin embargo, cuando la consonante ㄱ va seguida por una vocal vertical (es decir, ㅏ, ㅓ o ㅣ), se escribe ㄱ (escribiendo el trazo vertical de manera curva hacia la izquierda).

Ej. (trazo recto) 고 구 그   (trazo curvo) 가 거 기

2 Escuche la audición e indique con un círculo (O) si las sílabas están correctamente escritas y con una equis (X) si están mal escritas. ▶ pista **045**

(1) 보 ( ) 　(2) 서 ( ) 　(3) 주 ( ) 　(4) 그 ( ) 　(5) 비 ( )

(6) 더 ( ) 　(7) 지 ( ) 　(8) 고 ( ) 　(9) 시 ( ) 　(10) 후 ( )

3 Escuche la audición y marque la opción correcta. ▶ pista **046**

(1) ⓐ 거 ☐ ⓑ 저 ☐   (2) ⓐ 니 ☐ ⓑ 디 ☐   (3) ⓐ 수 ☐ ⓑ 주 ☐

(4) ⓐ 마 ☐ ⓑ 바 ☐   (5) ⓐ 더 ☐ ⓑ 도 ☐   (6) ⓐ 그 ☐ ⓑ 구 ☐

(7) ⓐ 버 ☐ ⓑ 보 ☐   (8) ⓐ 수 ☐ ⓑ 시 ☐   (9) ⓐ 허 ☐ ⓑ 호 ☐

4 Escuche la audición y numere las palabras según el orden en el que las oiga. ▶ pista **047**

바지 ☐   기자 ☐   지하 ☐   드라마 ☐

가로 ☐   두부 ☐   고사 ☐   아버지 ☐

무시 ☐   후기 ☐   자비 ☐   도자기 ☐

5 Escuche la audición y elija la sílaba que falta en cada una de las siguientes palabras.
▶ pista **048**

(1) ☐ 로 (소, 서, 수)

(2) 사 ☐ 리 (다, 더, 도)

(3) 모 ☐ (도, 두, 드)

(4) 고 ☐ 마 (고, 거, 구)

(5) ☐ 스 (바, 버, 비)

(6) 나 머 ☐ (자, 저, 지)

(7) 다 ☐ (사, 서, 시)

(8) 머 니 ☐ (조, 주, 즈)

(9) 오 ☐ (호, 허, 후)

(10) ☐ 무 지 (다, 더, 도)

6 Escuche la audición y relacione cada imagen con la palabra correspondiente. ▶ pista **049**

(1)  •

ⓐ 바지

(2)  •

ⓑ 구두

(3)  •

ⓒ 모자

(4)  •

ⓓ 아버지

7 Escuche la audición y numere las palabras según el orden en el que las oiga. ▶ pista **050**

Orden de los trazos para escribir estas consonantes

▸ Las consonantes se escriben por regla general de arriba abajo y de izquierda a derecha.

 Las grafías de ㅅ, ㅈ y ㅎ pueden variar según el estilo caligráfico.

Ej. 시 시 시 지 지 지 히 히 히

 En ocasiones, debido al estilo caligráfico, puede resultar difícil identificar las grafías 거, 구 y 그, ya que no se deja ningún espacio entre la consonante y la vocal. Como toda sílaba debe tener una vocal, suele ser recomendable tratar de identificar la vocal primero para poder leer la sílaba. Practiquemos la escritura de consonantes y vocales dejando un pequeño espacio entre ellas.

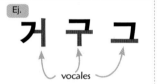

1 Escuche y practique la pronunciación de las siguientes sílabas. Después, escríbalas siguiendo el orden correcto de los trazos. ▸ pista 051

(1)			(2)			(3)		
바	바	바	다	다	다	사	사	사
버	버	버	더	더	더	서	서	서
보	보	보	도	도	도	소	소	소
부	부	부	두	두	두	수	수	수
브	브	브	드	드	드	스	스	스
비	비	비	디	디	디	시	시	시

(4)			(5)			(6)		
자	자	자	가	가	가	하	하	하
저	저	저	거	거	거	허	허	허
조	조	조	고	고	고	호	호	호
주	주	주	구	구	구	후	후	후
즈	즈	즈	그	그	그	흐	흐	흐
지	지	지	기	기	기	히	히	히

2 Escuche la audición y complete las siguientes palabras escribiendo las sílabas que faltan. ▶pista **052**

(1)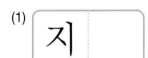

(2)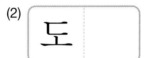

(3)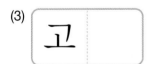

(4)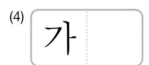

(5)

(6)

(7)

(8)

(9)

(10)

3 Escuche la audición y practique la escritura de cada palabra. ▶ pista **053**

비 _____
lluvia

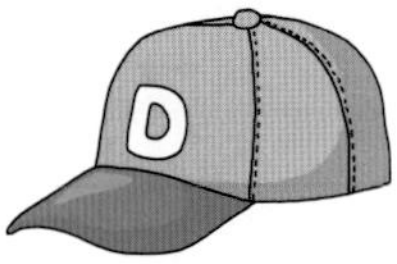

모자 _____
gorra

바지 _____
pantalones

구두 _____
zapatos

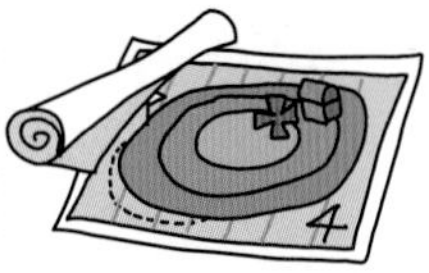

지도 _____
mapa, plano

바다 _____
mar

가수 _____
cantante

사자 _____
león

Autoevaluación

1 Escuche la audición y marque la opción correcta. ▶ pista 054

(1) ⓐ 조리 □　ⓑ 저리 □　　(2) ⓐ 바지 □　ⓑ 비자 □

(3) ⓐ 고리 □　ⓑ 거리 □　　(4) ⓐ 조사 □　ⓑ 주사 □

(5) ⓐ 수다 □　ⓑ 다수 □　　(6) ⓐ 나리 □　ⓑ 다리 □

(7) ⓐ 서기 □　ⓑ 사기 □　　(8) ⓐ 소수 □　ⓑ 조수 □

2 Escuche la audición y encuentre el camino a la respuesta final identificando las palabras que oiga. ▶ pista 055

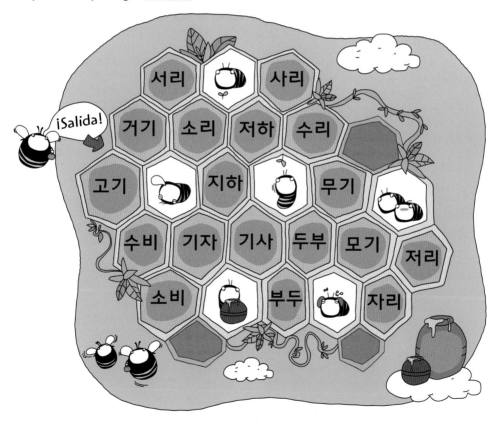

Respuesta final: _____

Las consonantes

ㅁㄴㄹㅇㅂㄷㅅㅈㄱㅎ

en posición posvocálica

¡Calentemos motores!

1 Escuche los nombres de lo que hay en la mesa coreana de abajo y repítalos en el mismo orden. ▶ pista 056

2 Escuche la audición y señale el orden de las cosas del dibujo que oiga valiéndose de las letras del ejercicio de arriba. ▶ pista 057

(1) ☐   (2) ☐   (3) ☐   (4) ☐   (5) ☐   (6) ☐

3 Primero, escuche el ejemplo. Luego, escuche las preguntas y responda. ▶ pista 058

(1)

(2)

(3)

¡A hincar los codos!

Escuche Escuche atentamente el sonido final de las siguientes palabras y complételas eligiendo la consonante correspondiente y escribiéndola en el hueco sombreado que le corresponda. ▶ pista **059**

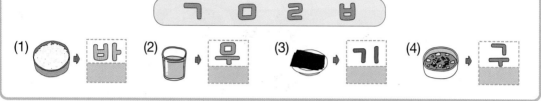

Aprenda Las siguientes consonantes se pueden usar como *batchim* (consonantes en posición final de sílaba). Estas consonantes se pronuncian de la misma manera en posición inicial y final de sílaba con la excepción de la letra ㅇ. En posición inicial de sílaba, la consonante ㅇ es muda, pero en posición final de sílaba se pronuncia [ŋ], como el dígrafo final "-ng" del inglés. Por otra parte, cuando estas consonantes están en posición final de sílaba, el flujo de aire se suele detener para poder pronunciarlas más fácilmente.

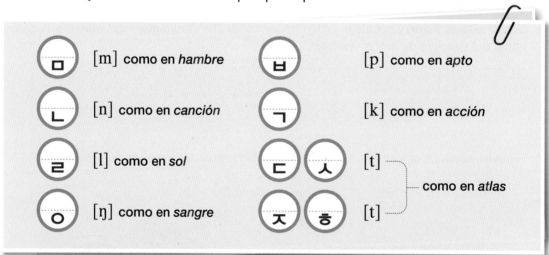

Las siete posibles pronunciaciones de las *batchim* (consonantes en posición final de sílaba)

Aunque son varias las letras consonantes que pueden escribirse en posición final de sílaba, en realidad solo hay siete fonemas que pueden pronunciarse en posición posvocálica. En el cuadro de abajo, se puede ver que cuatro de las letras consonantes se pronuncian de igual manera en posición final de sílaba.

ㅁ	ㄴ	ㄹ	ㅇ	ㅂ	ㄱ	ㄷ, ㅅ, ㅈ, ㅎ
[m]	[n]	[l]	[ŋ]	[p]	[k]	[t]

Practique Las *batchim* se escriben debajo de las vocales. Escuche los siguientes ejemplos y fíjese en la diferencia en la pronunciación. ▸ pista **060**

❶ consonante en posición inicial de sílaba

아 [a] ➡ 마 [ma]

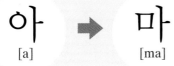

❷ consonante en posición final de sílaba

아 [a] ➡ 암 [am]

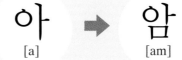

Apunte sobre la pronunciación

Con respecto a las sílabas de las *batchim*, para evitar que la pronunciación de una sílaba con *batchim* pueda sonar como dos sílabas, es conveniente pronunciar la vocal de manera breve.

Ej.

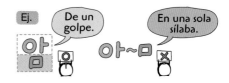

Practique Veamos qué pasa al añadir una consonante bajo la vocal. Escuche y practique la pronunciación de las siguientes sílabas. ▸ pista **061**

❶ 아 [a] ➡ 암 [am]

❷ 아 [a] ➡ 안 [an]

❸ 아 [a] ➡ 알 [al]

❹ 아 [a] ➡ 앙 [aŋ]

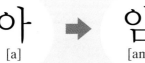

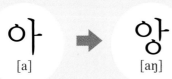

★ **Notas sobre la pronunciación**

1 Intente distinguir los sonidos ㅁ, ㄴ y ㅇ en posición final de sílaba. ▸ pista **062**

Ej.
(1) 삼 : 산 : 상
(2) 감 : 간 : 강
(3) 밤 : 반 : 방
(4) 담 : 단 : 당
(5) 잠 : 잔 : 장
(6) 맘 : 만 : 망

❺

아 [a] ➡ 압 [ap]

❻

아 [a] ➡ 악 [ak]

❼

아 [a] ➡ 안 [at]

❽

아 [a] ➡ 앗 [at]

❾

아 [a] ➡ 앚 [at]

❿

아 [a] ➡ 앟 [at]

> **Nota**
> La lectura de 앗 no es [as] ni la de 앚 es [adʑ]. Las *batchim* forman parte de una sílaba que se pronuncia de manera breve y contundente.
> **Ej.** 앝 = 앗 = 앚 = 앟

2 Las consonantes ㄷ, ㅅ, ㅈ y ㅎ se pronuncian todas igual a final de sílaba. ▶pista 063

Ej.

(1) 맏 = 맛 = 맞 = 맣
(2) 낟 = 낫 = 낮 = 낳

3 Intente distinguir la pronunciación de ㄱ [k] en posición final de las de ㄷ, ㅅ y ㅈ [t] en la misma posición. ▶pista 064

Ej. (1) 곡 : 곧
(2) 목 : 못
(3) 낙 : 낮

4 Cuando la consonante ㅎ va en posición final y le sigue una vocal, la consonante ㅎ se vuelve muda. ▶pista 065

Ej. (1) 좋아요 [조아요]
(2) 놓아요 [노아요]
(3) 넣어요 [너어요]

PASO 3 Práctica de lectura

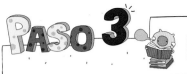

1 Lea las siguientes sílabas y practique su pronunciación ayudándose con la audición. ▸ pista **066**

(1)

암	엄
옴	움
음	임

(2)

간	건
곤	군
근	긴

(3)

날	널
놀	눌
늘	닐

(4)

상	성
송	숭
승	싱

(5)

압	업
옵	웁
읍	입

(6)

닥	덕
독	둑
득	딕

(7)

앋	얻
옷	웃
읏	잇

(8)

갇	걷
곶	궂
긎	깋

2 Escuche la audición e indique con un círculo (O) si las sílabas están correctamente escritas y con una equis (X) si están mal escritas. ▸ pista **067**

(1) 강 ( )　(2) 낟 ( )　(3) 돌 ( )　(4) 맏 ( )　(5) 국 ( )

(6) 빗 ( )　(7) 낮 ( )　(8) 집 ( )　(9) 곶 ( )　(10) 밥 ( )

3 Escuche la audición y marque la opción correcta. ▸ pista **068**

(1) ⓐ 공 □ ⓑ 곰 □　(2) ⓐ 근 □ ⓑ 금 □　(3) ⓐ 장 □ ⓑ 잔 □

(4) ⓐ 성 □ ⓑ 선 □　(5) ⓐ 목 □ ⓑ 못 □　(6) ⓐ 옥 □ ⓑ 옷 □

(7) ⓐ 몽 □ ⓑ 몸 □　(8) ⓐ 돈 □ ⓑ 동 □　(9) ⓐ 북 □ ⓑ 붓 □

4 Escuche la audición y numere las palabras según el orden en el que las oiga. ▶ pista 069

아들 ☐	도장 ☐	이름 ☐	아줌마 ☐
한국 ☐	음식 ☐	거울 ☐	밀가루 ☐
시간 ☐	남산 ☐	수업 ☐	젓가락 ☐

5 Escuche la audición y elija la sílaba que falta en cada una de las siguientes palabras.
▶ pista 070

(1) 바 □ (럼, 람, 롬)

(2) 미 □ (곡, 걱, 국)

(3) 사 □ (진, 짐, 징)

(4) 일 □ (곱, 곳, 곡)

(5) □ 소 (잔, 잠, 장)

(6) 다 □ (섭, 섯, 석)

6 Escuche la audición y relacione cada imagen con la palabra correspondiente. ▶ pista 071

(1)  (2)  (3) 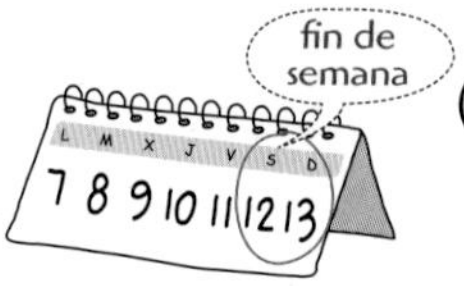 fin de semana (4)

• • • •

ⓐ 가방 ⓑ 버섯 ⓒ 주말 ⓓ 사진

7 Escuche la audición y marque la opción correcta. ▶ pista 072

(1) ⓐ 정문 ☐ ⓑ 전문 ☐ (2) ⓐ 정말 ☐ ⓑ 전말 ☐

(3) ⓐ 방문 ☐ ⓑ 반문 ☐ (4) ⓐ 정기 ☐ ⓑ 전기 ☐

(5) ⓐ 성공 ☐ ⓑ 선공 ☐ (6) ⓐ 성물 ☐ ⓑ 선물 ☐

★ Importante norma de pronunciación

Aprenda

A nivel oral, cuando las *batchim* van seguidas por una vocal, se pronuncian si fuesen la consonante inicial de la sílaba siguiente.

No obstante, cuando la consonante en posición final es la ㅇ, no se pronuncia en la siguiente sílaba sino en la que está escrita. ▶ pista **073**

Si la siguiente sílaba comienza por vocal...

Practique

1 Escuche la audición y numere las palabras según el orden en el que las oiga.

▶ pista **074**

발음 ☐ 　　얼음 ☐ 　　웃음 ☐ 　　녹음 ☐

만일 ☐ 　　단어 ☐ 　　언어 ☐ 　　본인 ☐

직업 ☐ 　　믿음 ☐ 　　금일 ☐ 　　길이 ☐

2 Escuche la audición y elija la sílaba que falta en cada una de las siguientes palabras. ▶ pista **075**

(1) 음 (발, 밥, 밤)　　(2) 웃 (금, 음, 슴)

(3) 어 (단, 담, 당)　　(4) 직 (겹, 업, 덥)

(5) 악 (은, 음, 웅)　　(6) 얼 (음, 믐, 름)

(7) 이 (존, 좀, 종)　　(8) 성 (긴, 인, 신)

Práctica de escritura

Orden de los trazos para escribir *batchim* (consonantes en posición final de sílaba)

▸ Como las *batchim* representan las consonantes en posición final de sílaba, se escriben en la parte inferior del recuadro en el que se escribe la sílaba.

Nota

En ocasiones puede resultar difícil distinguir una vocal y su *batchim* si van unidas. Puede ser de ayuda tratar de identificar la vocal en primer lugar, ya que así resulta más fácil distinguir las consonantes en posición inicial y final.

Ej.

Primero, identifique la vocal.

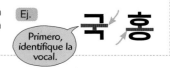

1 Escuche y practique la pronunciación de las siguientes sílabas. Después, escríbalas siguiendo el orden correcto de los trazos. ▸ pista **076**

(1)			(2)			(3)		
밤	밤	밤	담	담	담	곤	곤	곤
반	반	반	단	단	단	곳	곳	곳
발	발	발	달	달	달	곶	곶	곶
방	방	방	당	당	당	낫	낫	낫
밥	밥	밥	답	답	답	낮	낮	낮
박	박	박	닥	닥	닥	낳	낳	낳

2 Escuche la audición y complete las siguientes palabras escribiendo las sílabas que faltan.

▸ pista **077**

(1) 기

(2) 시

(3) 모

(4) 이

(5) 사

(6) 마

3 Escuche la audición y practique la escritura de cada palabra. ▸ pista **078**

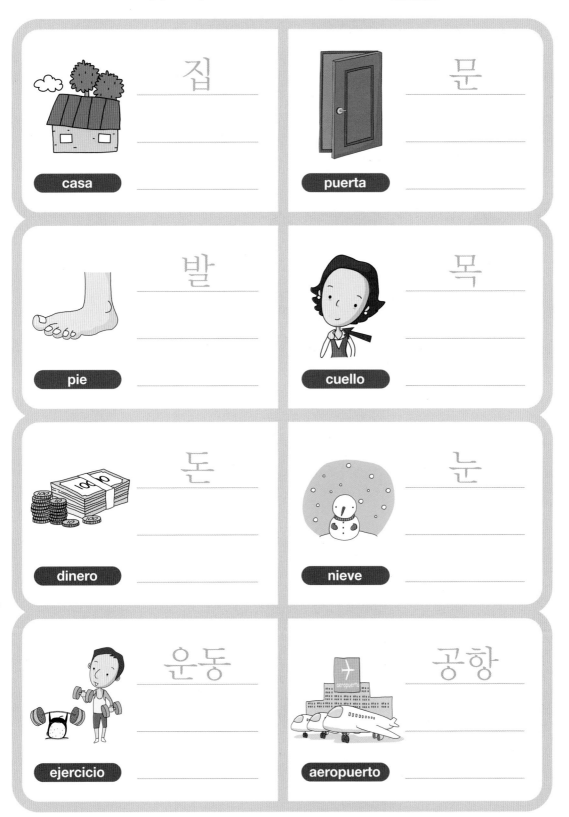

집
casa

문
puerta

발
pie

목
cuello

돈
dinero

눈
nieve

운동
ejercicio

공항
aeropuerto

음식

comida

점심

almuerzo

한복

hanbok (traje
tradicional coreano)

옷

ropa

우산

paraguas

선물

regalo

남자

varón

가방

bolsa

Autoevaluación

1 Escuche la audición y marque la opción correcta. ▶ pista 079

(1)
ⓐ 삼 ☐　　ⓑ 섬 ☐
ⓒ 솜 ☐　　ⓓ 숨 ☐

(2)
ⓐ 반 ☐　　ⓑ 번 ☐
ⓒ 본 ☐　　ⓓ 분 ☐

(3)
ⓐ 성 ☐　　ⓑ 선 ☐
ⓒ 섬 ☐　　ⓓ 설 ☐

(4)
ⓐ 공 ☐　　ⓑ 곤 ☐
ⓒ 곰 ☐　　ⓓ 골 ☐

2 Escuche la audición y numere las palabras según el orden en el que las oiga. ▶ pista 080

직업　　곤　　바람

혼자　　멍　　빛

동물　　장난　　식당

3 Escuche la audición y complete las siguientes palabras. ▶ pista 081

(1) 　　ㄱ ㅂ

(2) 　　ㅁ ㄷ

(3)  　　ㅅ ㅇ

(4) 　　ㅂ ㅅ

5 Escuche la audición y escriba la palabra que oiga. ▶ pista 083

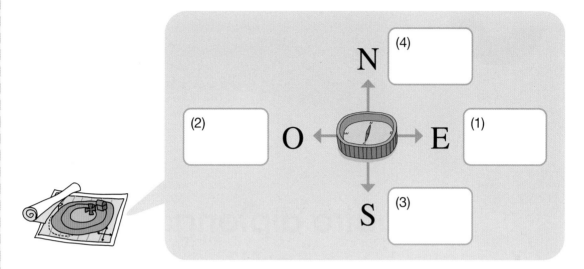

6 Escuche la audición y complete las siguientes palabras. ▶ pista 084

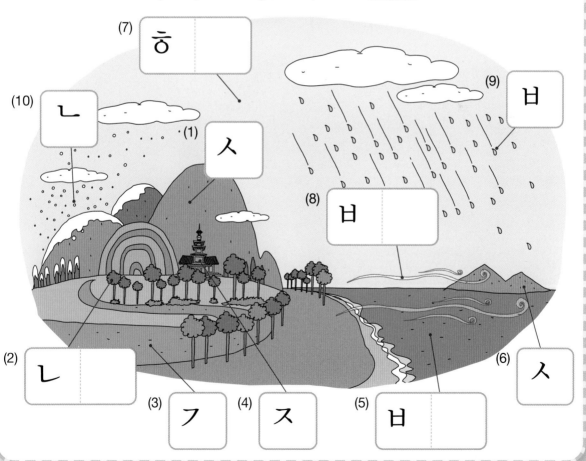

5

Cuatro diptongos con [j]

ㅑ ㅕ ㅛ ㅠ

¡Calentemos motores!

1 Escuche los nombres de los siguientes deportes y repítalos en el mismo orden. ▶ pista 085

2 Escuche la audición y señale el orden de los deportes que oiga valiéndose de las letras del ejercicio de arriba. ▶ pista 086

(1) 　(2) 　(3) 　(4) 　(5)

3 Primero, escuche el ejemplo. Luego, escuche las preguntas y responda. ▶ pista 087

(1)

(3)  　(4)

Escuche Escuche la audición y preste especial atención a las vocales en rojo de las siguientes palabras. ▶ pista 088

(1) 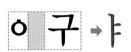 → ㅑ (2)  → ㅛ

(3)  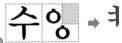 → ㅋ

Aprenda Los siguientes diptongos se forman colocando una [j] delante de vocales simples. Escuche la audición y repita los diptongos. ▶ pista 089

ㅑ [ja] **similar a** *yacer*
El diptongo ㅑ se pronuncia con una [j] inmediatamente seguida por la vocal ㅏ en una misma sílaba.

ㅕ [jʌ] **como en la palabra inglesa** *yawn*
El diptongo ㅕ se pronuncia con una [j] inmediatamente seguida por la vocal ㅓ en una misma sílaba. Al igual que sucedía con ㅓ, este diptongo se pronuncia sin fruncir los labios y sin exageración.

ㅛ [jo] **similar a** *mayo*
El diptongo ㅛ se pronuncia con una [j] inmediatamente seguida por la vocal ㅗ en una misma sílaba.

ㅠ [ju] **similar a** *yunque*
El diptongo ㅠ se pronuncia con una [j] inmediatamente seguida por la vocal ㅜ en una misma sílaba.

Diptongos con [j]

En coreano, todos los diptongos que comienzan con [j] se pronuncian de la misma manera, colocando la [j] justo antes de ㅏ, ㅓ, ㅗ o ㅜ. Aunque los labios se cierran para pronunciar la [j], se trata de un sonido muy breve, ya que los labios rápidamente pasan a adoptar la postura que requiere la pronunciación de las vocales simples ㅏ, ㅓ, ㅗ o ㅜ.

ㅣ + ㅏ = ㅑ
[i] [a] [ja]

Escuche la audición y practique la pronunciación de los diptongos con [j] inicial. ▶ pista 090

- con la boca bien abierta

❶ añadiendo [j] antes de la vocal

아 ➡ 야
[a]　　　　[ja]

❷ añadiendo [j] antes de la vocal

어 ➡ 여
[ʌ]　　　　[jʌ]

- con los labios redondeados

❸ añadiendo [j] antes de la vocal

오 ➡ 요
[o]　　　　[jo]

❹ añadiendo [j] antes de la vocal

우 ➡ 유
[u]　　　　[ju]

★ **Notas sobre la pronunciación**

1 Puede resultar difícil distinguir entre la pronunciación de estos dos diptongos. Lea la explicación y practique la pronunciación de estos diptongos ayudándose con la audición. ▶ pista 091

Ej.

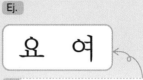

요　여

Nota

Observe otras formas de la boca o los labios.

요: Se pronuncia con la boca más cerrada que cuando se pronuncia la "o" del español.

여: Se pronuncia de manera parecida a ㅗ pero abriendo mucho más la boca, aunque no tanto como cuando se pronuncia ㅑ.

2 Escuche la audición y marque la opción correcta. ▶ pista 092

(1) ⓐ 요리 ☐
　　ⓑ 유리 ☐

(2) ⓐ 요기 ☐
　　ⓑ 여기 ☐

(3) ⓐ 요가 ☐
　　ⓑ 여가 ☐

(4) ⓐ 용 ☐
　　ⓑ 영 ☐

1 Los diptongos ㅑ, ㅕ, ㅛ y ㅠ pueden ir precedidos por consonantes, en cuyo caso se pronuncian de la siguiente manera. ▶ pista 093

❶ ㅑ precedida de ㄴ

야 [ja] ➔ 냐 [nja]

❷ ㅕ precedida de ㅂ

여 [jʌ] ➔ 벼 [pjʌ]

❸ ㅛ precedida de ㅁ

요 [jo] ➔ 묘 [mjo]

❹ ㅠ precedida de ㄱ

유 [ju] ➔ 규 [kju]

2 Cuando los diptongos ㅑ, ㅕ, ㅛ y ㅠ van precedidos por la consonantes ㅅ, el sonido de la [j] desaparece y la ㅅ no se pronuncia [s] sino [ʃ]. ▶ pista 094

❶ ㅑ precedida de ㅅ

사 [sa] ➔ 샤 [ʃa]

❷ ㅛ precedida de ㅅ

소 [so] ➔ 쇼 [ʃo]

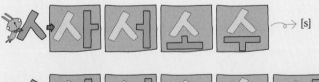

> **Nota**
> La ㅅ se pronuncia [ʃ] si va seguida de ㅣ, ㅑ, ㅕ, ㅛ o ㅠ.

1 Lea las siguientes sílabas y practique su pronunciación ayudándose con la audición.

▶ pista 095

(1)
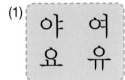
야 여
요 유

(2)
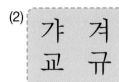
갸 겨
교 규

(3)
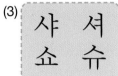
샤 셔
쇼 슈

(4)

약 역
욕 육

2 Escuche la audición e indique con un círculo (O) si las sílabas están correctamente escritas y con una equis (X) si están mal escritas. ▶ pista 096

(1)

양
( )

(2)

병
( )

(3)

교
( )

(4)

류
( )

(5)

형
( )

3 Escuche la audición y marque la opción correcta. ▶ pista 097

(1) ⓐ 약 □   ⓑ 역 □
(2) ⓐ 연기 □   ⓑ 용기 □

(3) ⓐ 별 □   ⓑ 벌 □
(4) ⓐ 귤 □   ⓑ 굴 □

(5) ⓐ 중요 □   ⓑ 조용 □
(6) ⓐ 요금 □   ⓑ 요즘 □

(7) ⓐ 목욕 □   ⓑ 모욕 □
(8) ⓐ 근면 □   ⓑ 금연 □

4 Escuche la audición y numere las palabras según el orden en el que las oiga. ▶ pista 098

무료 경기 공연
현금 서양 연구
학교 노력 기념

5 Escuche la audición y marque la opción correcta. ▶ pista 099

우유 ☐   중요 ☐   여자 ☐   수요일 ☐

여유 ☐   여름 ☐   양말 ☐   일요일 ☐

무역 ☐   안경 ☐   영어 ☐   주유소 ☐

6 Escuche la audición y elija la sílaba que falta en cada una de las siguientes palabras.

▶ pista 100

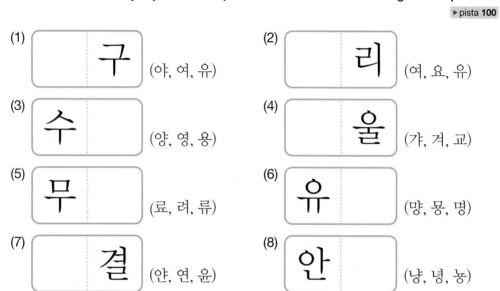

(1) 구 (야, 여, 유)

(2) 리 (여, 요, 유)

(3) 수 (양, 영, 용)

(4) 울 (갸, 겨, 교)

(5) 무 (료, 려, 류)

(6) 유 (먕, 뭉, 명)

(7) 결 (얀, 연, 윤)

(8) 안 (냥, 녕, 농)

7 Escuche la audición y relacione cada imagen con la palabra correspondiente. ▶ pista 101

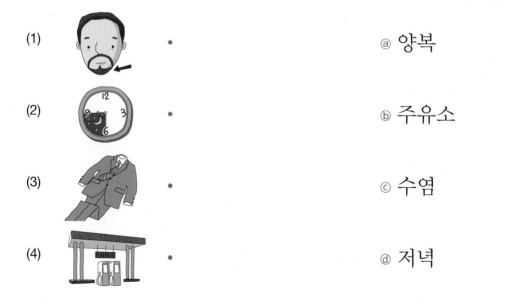

(1) ·   ⓐ 양복

(2) ·   ⓑ 주유소

(3) ·   ⓒ 수염

(4) ·   ⓓ 저녁

✱ Importante norma de pronunciación

Aprenda Cuando las consonantes ㅂ, ㄷ o ㄱ en posición final de sílaba van seguidas por una sílaba que empiece por ㅁ o ㄴ, las consonantas ㅂ, ㄷ o ㄱ pasan a pronunciarse respectivamente como ㅁ [m], ㄴ [n] y ㅇ [ŋ]. ▶pista **102**

(1) La consonante ㅂ en posición final de sílaba se pronuncia como ㅁ [m] si la siguiente sílaba comienza por ㅁ o ㄴ.

> **Ej.**  입문[임문]   습니다[슴니다]

(2) Las consonantes ㄷ, ㅅ y ㅈ en posición final de sílaba se pronuncian como ㄴ [n] si la siguiente sílaba comienza por ㅁ o ㄴ.

> **Ej.** 잇몸[인몸]   벚나무[번나무]
>
> [ㄷ]   [ㄷ]

(3) La consonante ㄱ en posición final de sílaba se pronuncia como ㅇ [ŋ] si la siguiente sílaba comienza por ㅁ o ㄴ.

> **Ej.** 국민[궁민]   작년[장년]
>

Practique Escuche la audición y numere las palabras según el orden en el que las oiga.

▶pista **103**

욕망 ☐   잇몸 ☐   업무 ☐   잣나무 ☐

입문 ☐   작년 ☐   숙녀 ☐   입니다 ☐

식물 ☐   숙모 ☐   빗물 ☐   합니다 ☐

Práctica de escritura

Orden de los trazos para escribir los diptongos con [j] inicial

▸ El orden de los trazos va, por regla general, de arriba abajo y de izquierda a derecha.

Nota

Puede resultar difícil distinguir una sílaba que comience por ㅁ ㅇ ㅂ seguida de ㅕ ㅛ ㅛ. Puede ser de ayuda tratar de identificar la vocal en primer lugar. Practique su escritura dejando un espacio entre la consonante y la vocal.

Ej. **벼 묘**

1 Escuche y practique la pronunciación de las siguientes sílabas. Después, escríbalas siguiendo el orden correcto de los trazos. ▸ pista **104**

(1)			(2)			(3)		
야	야	야	냐	냐	냐	랴	랴	랴
여	여	여	녀	녀	녀	려	려	려
요	요	요	뇨	뇨	뇨	료	료	료
유	유	유	뉴	뉴	뉴	류	류	류

2 Escuche la audición y complete las siguientes palabras escribiendo las sílabas que faltan.

▸ pista **105**

(1)

(2) 조

(3) 니

(4) 리

(5) 동

(6) 느

(7) 습

(8) 저

(9) 수

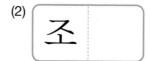 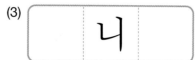 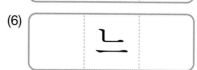

3 Escuche la audición y practique la escritura de cada palabra. ▶ pista 106

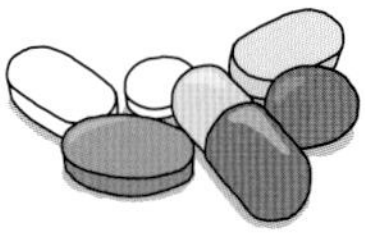

약

medicamento

여자

mujer

병

botella

우유

leche

요리

cocina (la actividad de cocinar)

영어

inglés

안경

gafas, lentes

유명

fama

1 Escuche la audición y rellene las casillas con las palabras que oiga. ▶ pista **107**

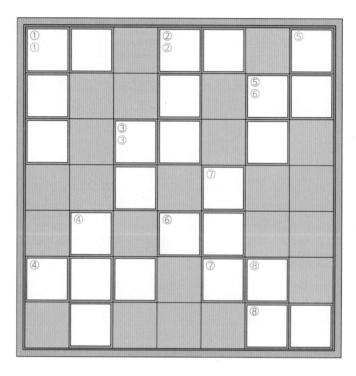

Palabras en posición horizontal

① barba

② ocio, tiempo libre

③ verano

④ persona occidental

⑤ gafas

⑥ libertad

⑦ pertenencia, posesión

⑧ Myeong-dong, barrio de interés turístico del centro de Seúl

Palabras en posición vertical

① comisión

② espinilla, grano

③ mujer

④ gato

⑤ vista nocturna

⑥ hola / adiós

⑦ gasolinera

⑧ fama

2 Escuche la audición y complete las siguientes palabras. ▶ pista **108**

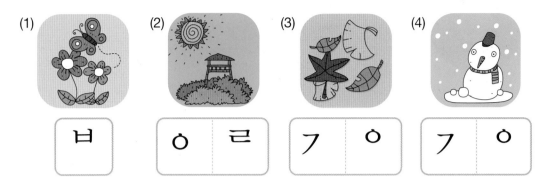

(1) ㅂ

(2) ㅇ ㄹ

(3) ㄱ ㅇ

(4) ㄱ ㅇ

3 Escuche la audición y marque las opciones correctas. ▶ pista **109**

Dos vocales simples ㅐ ㅔ y dos diptongos con [j] ㅒ ㅖ

¡Calentemos motores!

1 Escuche los nombres de los siguientes alimentos y repítalos en el mismo orden. ▸pista **110**

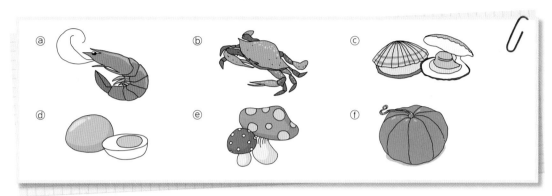

2 Escuche la audición y señale el orden de los alimentos que oiga valiéndose de las letras del ejercicio de arriba. ▸pista **111**

(1) ☐　　(2) ☐　　(3) ☐　　(4) ☐　　(5) ☐

3 Primero, escuche el ejemplo. Luego, escuche las preguntas y responda. ▸pista **112**

(1)  　　(2)

(3)  　　(4)

¡A hincar los codos!

▶ pista 113

Escuche Escuche la audición y preste especial atención a las vocales en rojo de las siguientes palabras. ▶ pista 113

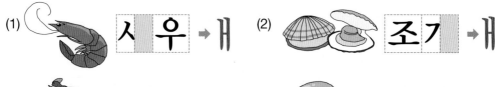

(1) ㅅ 우 → ㅐ   (2) 조 ㄱ → ㅐ

(3) ㄱ → ㅔ   (4) ㄱ 란 → ㅖ

Aprenda A continuación, encontrará dos vocales simples y dos diptongos con [j] adicionales. Escuche la audición y practique su pronunciación. ▶ pista 114

ㅐ [ɛ] como en la palabra inglesa *cat*
La vocal ㅐ se pronuncia de manera similar a la [ɛ] del inglés. Cuando es pronuncia esta vocal, la boca es abre más que en el caso de la ㅔ. Se pronuncia de forma contundente.

ㅔ [e] como en *dedo*
La vocal ㅔ se pronuncia prácticamente igual a la "e" del español.

ㅒ [jɛ] como en la palabra inglesa *yak*
El diptongo ㅒ se pronuncia con una [j] inmediatamente seguida por la vocal ㅐ en una misma sílaba. Aunque los labios empiezan estando muy próximos para pronunciar la [j], este sonido es muy breve, ya que rápidamente se ha de abrir la boca para poder pronunciar la [ɛ].

ㅖ [je] como en *yema*
El diptongo ㅖ se pronuncia con una [j] inmediatamente seguida por la vocal ㅔ en una misma sílaba. Aunque los labios empiezan estando muy próximos para pronunciar la [j], este sonido es muy breve, ya que rápidamente se ha de abrir la boca para poder pronunciar la [e].

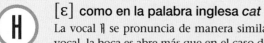

Vocales simples ㅐ y ㅔ

La grafía de la vocal ㅐ está formada por las de las vocales ㅏ e ㅣ (ㅏ + ㅣ = ㅐ), mientras que la grafía de la vocal ㅔ está formada por las de las vocales ㅓ e ㅣ (ㅓ + ㅣ = ㅔ).

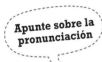
Apunte sobre la pronunciación

Aunque en principio se supone que ㅐ y ㅔ representan dos sonidos vocálicos diferentes, la realidad es que en la actualidad casi todos los coreanos las pronuncian casi igual.

Ej.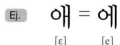

애 = 에

[ɛ]　[e]

Practique Escuche la audición y practique la pronunciación de los diptongos con [j]. Al igual que lo que pasa con las dos vocales simples, sus respectivos diptongos, ㅐ y ㅔ, también se pronuncian prácticamente igual. ▶ pista **115**

❶ añadiendo [j] antes de la vocal ㅐ

❷ añadiendo [j] antes de la vocal ㅔ

애　➡　얘　　에　➡　예

[ɛ]　　　[jɛ]　　[e]　　　[je]

✱ **Notas sobre la pronunciación**

- -

Las vocales ㅐ y ㅔ se pronuncian de manera muy parecida, lo que puede resultar confuso cuando son el único elemento que permite distinguir entre ciertos pares de palabras que tienen significados diferentes. En esos casos, hay que tener cuidado con la ortografía. Lo mismo ocurre con los diptongos ㅐ y ㅔ. ▶ pista **116**

❶
 개

perro

 게

cangrejo

❷
 모래

arena

 모레

pasado mañana

Capítulo 6 · **85**

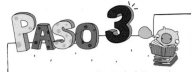

PASO 3 Práctica de lectura

1 Lea las siguientes sílabas y practique su pronunciación ayudándose con la audición. ▸pista **117**

(1) 애 에 / 얘 예

(2) 개 게 / 걔 계

(3) 내 네 / 냬 녜

(4) 래 레 / 럐 례

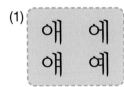

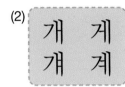

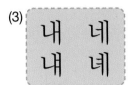

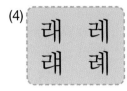

2 Escuche la audición e indique con un círculo (O) si las sílabas están correctamente escritas y con una equis (X) si están mal escritas. ▸pista **118**

(1) 색 ( )

(2) 배 ( )

(3) 예 ( )

(4) 셈 ( )

(5) 넷 ( )

(6) 해 ( )

(7) 계 ( )

(8) 얘 ( )

3 Escuche la audición y marque la opción correcta. ▸pista **119**

(1) ⓐ 아내 □ ⓑ 안내 □

(2) ⓐ 아래 □ ⓑ 안에 □

(3) ⓐ 어제 □ ⓑ 이제 □

(4) ⓐ 예순 □ ⓑ 예술 □

(5) ⓐ 재미 □ ⓑ 제비 □

(6) ⓐ 세계 □ ⓑ 시계 □

(7) ⓐ 여기 □ ⓑ 얘기 □

(8) ⓐ 계단 □ ⓑ 계산 □

4 Escuche la audición y numere las palabras según el orden en el que las oiga. ▶ pista **120**

내일 □   숙제 □   인생 □   남동생 □

문제 □   세상 □   가게 □   제주도 □

얘기 □   계속 □   예약 □   냉장고 □

5 Escuche la audición y elija la sílaba que falta en cada una de las siguientes palabras.
▶ pista **121**

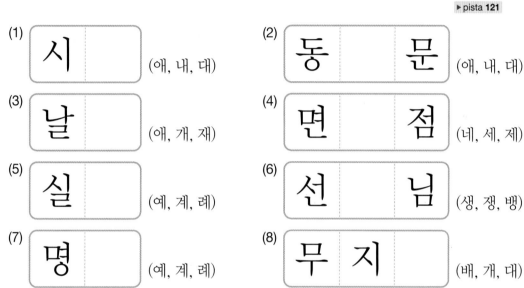

(1) 시 ⎢ ⎥ (애, 내, 대)

(2) 동 ⎢ ⎥ 문 (애, 내, 대)

(3) 날 ⎢ ⎥ (애, 개, 재)

(4) 면 ⎢ ⎥ 점 (네, 세, 제)

(5) 실 ⎢ ⎥ (예, 계, 례)

(6) 선 ⎢ ⎥ 님 (생, 쟁, 뱅)

(7) 명 ⎢ ⎥ (예, 계, 례)

(8) 무 지 ⎢ ⎥ (배, 개, 대)

6 Escuche la audición y relacione cada imagen con la palabra correspondiente. ▶ pista **122**

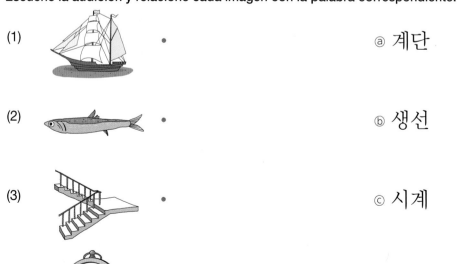

(1)   •   ⓐ 계단

(2)   •   ⓑ 생선

(3)   •   ⓒ 시계

(4)   •   ⓓ 배

7 Escuche la audición y numere las palabras según el orden en el que las oiga. ▶ pista 123

✱ Importante norma de pronunciación

Aprenda La consonante ㄴ pasa a pronunciarse como la consonante ㄹ cuando va precedida o seguida de la consonante ㄹ. ▶ pista 124

Ej. 신라 [실라]　　설날 [설랄]

Practique Escuche la audición y numere las palabras según el orden en el que las oiga.
▶ pista 125

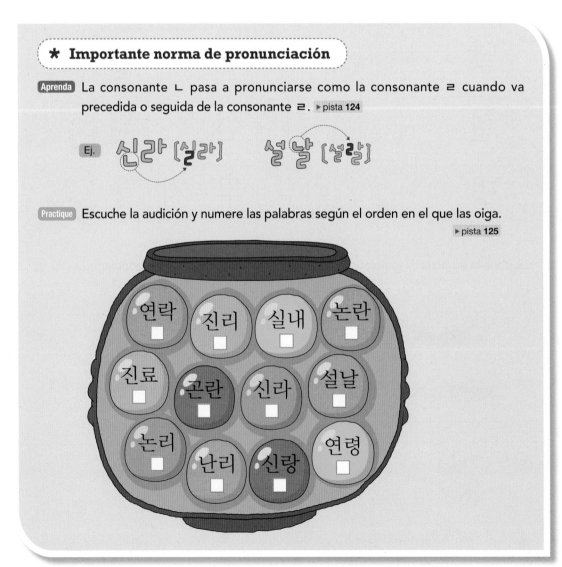

Práctica de escritura

Orden de los trazos para escribir los diptongos con [j]

▸ El orden de los trazos va, por regla general, de arriba abajo y de izquierda a derecha.

Nota

Puede resultar difícil distinguir las consonantes y las vocales de una sílaba cuando aparecen escritas pegadas. Puede ser de ayuda tratar de identificar la vocal en primer lugar. Practique su escritura dejando un espacio entre la consonante y la vocal.

1 Escuche y practique la pronunciación de las siguientes sílabas. Después, escríbalas siguiendo el orden correcto de los trazos. ▸pista **126**

(1)			(2)			(3)		
애	애	애	개	개	개	래	래	래
얘	얘	얘	걔	걔	걔	럐	럐	럐
에	에	에	게	게	게	레	레	레
예	예	예	계	계	계	례	례	례

2 Escuche la audición y practique la escritura de cada palabra. ▸pista 127

노래

canción

맥주

cerveza

계단

escaleras

베개

almohada

냄새

olor

벌레

insecto

비행기

avión

냉장고

frigorífico, heladera, refrigerador

Escuche la audición y siga el camino que le indiquen las palabras que oiga. Escriba la letra a la que llegue al final del recorrido. ▶ pista 128

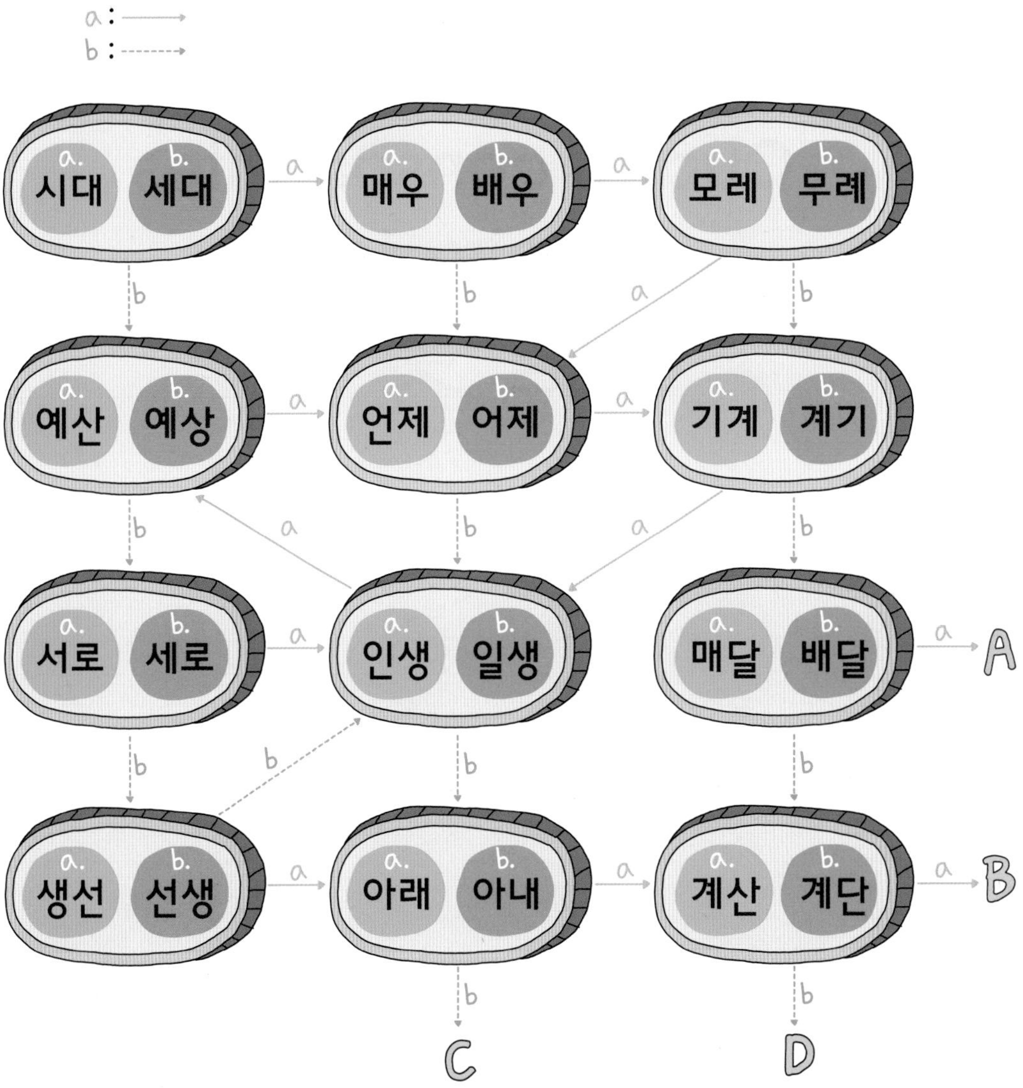

a : ⟶
b : ⤍

시대 세대 — a → 매우 배우 — a → 모레 무레

예산 예상 — a → 언제 어제 — a → 기계 계기

서로 세로 — a → 인생 일생 — 매달 배달 — a → A

생선 선생 — a → 아래 아내 — a → 계산 계단 — a → B

C   D

Respuesta final: _____

7

Cuatro consonantes aspiradas

ㅍ ㅌ ㅊ ㅋ

 ¡Calentemos motores!

1 Escuche los nombres de las siguientes bebidas y repítalos en el mismo orden. ▶ pista **129**

2 Escuche la audición y señale el orden de las bebidas que oiga valiéndose de las letras del ejercicio de arriba. ▶ pista **130**

(1)   (2)   (3)   (4)   (5)

3 Primero, escuche el ejemplo. Luego, practique cómo pedir bebidas. ▶ pista **131**

(1)

(2)

(3)

¡A hincar los codos!

▶ pista 132

Escuche Escuche la audición y preste especial atención a las consonantes en rojo de las siguientes palabras. ▶ pista 132

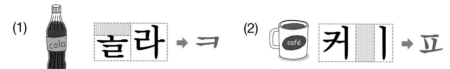

(1) 콜라 ➡ ㅋ (2) 커피 ➡ ㅍ

(3) 녹차 ➡ ㅊ (4) 아이스티 ➡ ㅌ

Aprenda A continuación, las cuatro consonantes aspiradas del coreano. Se pronuncian dejando escapar un fuerte golpe de aire.

ㅍ $[p^h]$ como en la palabra inglesa *peace*

La vocal ㅍ se pronuncia de manera muy similar a la "p" del inglés. En otras palabras, se pronuncia dejando escapar un fuerte golpe de aire cuando está en posición inicial de sílaba. En coreano, la pronunciación de esta consonante es algo más fuerte que la "p" del inglés.

ㅌ $[t^h]$ como en la palabra inglesa *teacher*

La vocal ㅌ se pronuncia de manera muy similar a la "t" del inglés. En otras palabras, se pronuncia dejando escapar un fuerte golpe de aire cuando está en posición inicial de sílaba. En coreano, la pronunciación de esta consonante es algo más fuerte que la "t" del inglés.

ㅊ $[t\varphi^h]$ como en la palabra inglesa *chicken*

La vocal ㅊ se pronuncia de manera muy similar a la "ch" del inglés cuando va en posición inicial de sílaba. La posición de los labios al pronunciar esta consonante depende de la vocal que le siga. Es decir, si la consonante ㅊ va seguida de la vocal ㅏ, se pronunciará con la boca bien abierta, pero si la consonante ㅊ va seguida de la vocal ㅣ, se pronuncia con la boca estirada.

ㅋ $[k^h]$ como en la palabra inglesa *kitchen*

La vocal ㅋ se pronuncia de manera muy similar a la "k" del inglés. En otras palabras, se pronuncia dejando escapar un fuerte golpe de aire cuando está en posición inicial de sílaba. En coreano, la pronunciación de esta consonante es algo más fuerte que la "k" del inglés.

Formación de las letras consonantes aspiradas añadiendo un trazo

Las grafías de las consonantes aspiradas se forman añadiendo un trazo adicional a las consonantes simples que se articulan de la misma manera. Cuando la consonantes ㅎ[h] entra en contacto con las consonantes simples ㅂ, ㄷ, ㅈ y ㄱ, estas se pronuncian de manera aspirada; es decir, como ㅍ, ㅌ, ㅊ y ㅋ respectivamente.

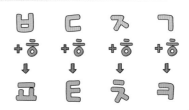

Practique Escuche la audición y numere la pronunciación de estos pares de consonantes simples y aspiradas.

▶ pista **133**

simples	aspiradas

❶

❷

❸

❹

Apunte sobre la pronunciación

Al tratar de pronunciar las consonantes aspiradas, es importante asegurarse de soltar un golpe de aire. Una buena manera de practicar la pronunciación de estas consonantes sería colocar una fina hoja de papel justo delante de la boca, de manera que sea posible ver que se está produciendo ese sople de aire al pronunciar. De esta manera, podemos darnos cuenta de que al pronunciar 파 la hoja de papel se sacudirá con fuerza a causa del golpe de aire que se produce, mientras que, por el contrario, apenas se moverá al pronunciar 바.

Los siguientes pares de palabras tan solo difieren en una única consonante.
Estas palabras se parecen mucho, por lo que hay que prestar mucha atención
a la pronunciación, ya que conlleva un cambio de significado. Al pronunciar las
consonantes aspiradas, uno puede sentir cómo sale el golpe de aire entre los labios a
diferencia de lo que pasa al pronunciar las consonantes simples. ▶ pista **134**

Ej.

simples   aspiradas

❶ 발 — pie   팔 — brazo

❷ 동 — el este   통 — recipiente

❸ 기자 — periodista   기차 — tren

❹ 그림 — pintura, dibujo   크림 — crema

Práctica de lectura

1 Lea los siguientes pares de sílabas con consonantes simples y aspiradas. Practique su pronunciación ayudándose con la audición. ▶pista **135**

(1)
바	파
버	퍼
보	포
부	푸
브	프
비	피

(2)
다	타
더	터
도	토
두	투
드	트
디	티

(3)
자	차
저	처
조	초
주	추
즈	츠
지	치

(4)
가	카
거	커
고	코
구	쿠
그	크
기	키

2 Escuche la audición e indique con un círculo (O) si las sílabas están correctamente escritas y con una equis (X) si están mal escritas. ▶pista **136**

(1) 팔 ( )

(2) 턱 ( )

(3) 춤 ( )

(4) 콩 ( )

(5) 피 ( )

(6) 탕 ( )

(7) 키 ( )

(8) 틈 ( )

(9) 층 ( )

(10) 표 ( )

3 Escuche la audición y marque la opción correcta. ▶pista **137**

(1) ⓐ 보도 ☐ ⓑ 포도 ☐　　(2) ⓐ 자요 ☐ ⓑ 차요 ☐

(3) ⓐ 동기 ☐ ⓑ 통기 ☐　　(4) ⓐ 반사 ☐ ⓑ 판사 ☐

(5) ⓐ 다기 ☐ ⓑ 타기 ☐　　(6) ⓐ 저음 ☐ ⓑ 처음 ☐

(7) ⓐ 저리 ☐ ⓑ 처리 ☐　　(8) ⓐ 그림 ☐ ⓑ 크림 ☐

4 Escuche la audición y numere las palabras según el orden en el que las oiga. ▶pista **138**

김치 ☐   크기 ☐   선택 ☐   지하철 ☐

통역 ☐   부탁 ☐   봉투 ☐   스포츠 ☐

추석 ☐   경치 ☐   출구 ☐   자동차 ☐

5 Escuche la audición y elija la sílaba que falta en cada una de las siguientes palabras.

▶pista **139**

(1) 부 ⬚ (토, 터, 투)

(2) 메 라 (가, 카, 파)

(3) ⬚ 도 (마, 바, 파)

(4) 요 일 (도, 토, 터)

(5) 우 ⬚ (퍼, 포, 표)

(6) 우 국 (체, 제, 처)

(7) ⬚ 절 (친, 칭, 침)

(8) 조 림 (퉁, 통, 텅)

6 Escuche la audición y relacione cada imagen con la palabra correspondiente. ▶pista **140**

(1) 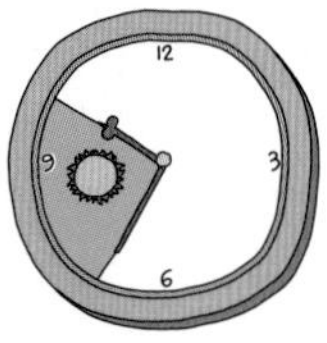   (2) 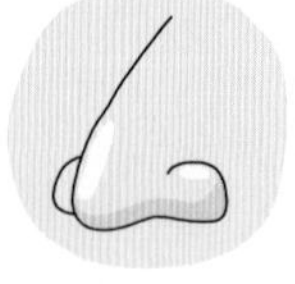   (3)    (4)

ⓐ 표   ⓑ 아침   ⓒ 코   ⓓ 경찰

Aprenda La consonante ㅎ aspira las siguientes consonantes al entrar en contacto con
ellas. ▶pista **141**

(1) Cuando la consonante ㅎ en posición inicial de sílaba va precedida de ㅂ, ㄷ, ㅈ o ㄱ
en posición final de sílaba, la ㅎ hace que estas consonantes se pronuncien de manera
aspirada. En otras palabras, al entrar en contacto con la consonante ㅎ, las consonantes
ㅂ, ㄷ, ㅈ y ㄱ pasan a pronunciarse como ㅍ, ㅌ, ㅊ y ㅋ respectivamente.

Ej.

(2) Cuando la consonante ㅎ en posición final de sílaba va seguida por ㅂ, ㄷ, ㅈ y ㄱ
en posición inicial de sílaba, no se pronuncia de manera separada sino que aspira
las consonantes ㅂ, ㄷ, ㅈ y ㄱ, las cuales pasan a pronunciarse ㅍ, ㅌ, ㅊ y ㅋ
respectivamente.

Ej.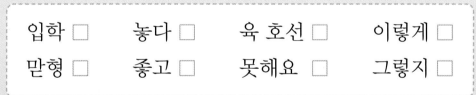

Practique

1 Escuche la audición y numere las palabras según el orden en el que las oiga.

▶pista **142**

입학 ☐	놓다 ☐	육 호선 ☐	이렇게 ☐
맏형 ☐	좋고 ☐	못해요 ☐	그렇지 ☐

2 Escuche la audición y elija la sílaba que falta en cada una de las siguientes
palabras. ▶pista **143**

(1) 연 [ ] 해 요 (슥, 습, 슾)

(2) 생 [ ] 해 요 (각, 갑, 갓)

(3) 행 [ ] 해 요 (복, 봄, 봅)

(4) 비 [ ] 해 요 (슴, 습, 숫)

Práctica de escritura

Orden de los trazos para las consonantes aspiradas

▶ El orden de los trazos va, por regla general, de arriba abajo y de izquierda a derecha.

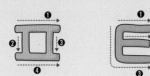

Nota

En ocasiones resulta complicado distinguir entre 표 y 터 debido a que no se suele dejar ningún espacio entre la consonante y la vocal. Por ello puede resultar conveniente tratar de identificar primero la vocal. Practique su escritura dejando un espacio entre la consonante y la vocal.

Ej. 표 o 터

Nota

Cuando la consonante ㅋ va seguida de una vocal vertical (ㅏ, ㅓ, ㅣ, etc.), el trazo vertical se escribe de manera curva hacia la izquierda ㅋ, como en el caso de ㄱ.

Ej. (trazo curvo) 카 커 키
(trazo recto) 코 쿠 크

1 Escuche y practique la pronunciación de las siguientes sílabas. Después, escríbalas siguiendo el orden correcto de los trazos. ▶ pista 144

(1)			(2)		
파	파	파	타	타	타
퍼	퍼	퍼	터	터	터
포	포	포	토	토	토
푸	푸	푸	투	투	투
프	프	프	트	트	트
피	피	피	티	티	티

(3)			(4)		
차	차	차	카	카	카
처	처	처	커	커	커
초	초	초	코	코	코
추	추	추	쿠	쿠	쿠
츠	츠	츠	크	크	크
치	치	치	키	키	키

2 Escuche la audición y complete las siguientes palabras escribiendo las sílabas que faltan.

▶ pista **145**

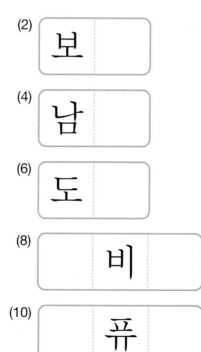

(1) ⬜ 도

(2) 보 ⬜

(3) 김 ⬜

(4) 남 ⬜

(5) ⬜ 발

(6) 도 ⬜

(7) 연 ⬜

(8) ⬜ 비 ⬜

(9) ⬜ 구

(10) ⬜ 퓨 ⬜

3 Escuche la audición y practique la escritura de cada palabra. ▶ pista 146

자동차

automóvil

주차장

aparcamiento,
estacionamiento

지하철

metro, subte

택시

taxi

기차

tren

선풍기

ventilador

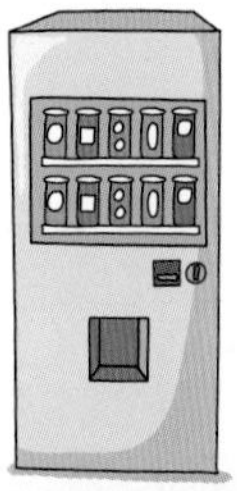

자판기

máquina
expendedora

세탁기

lavadora,
lavarropas

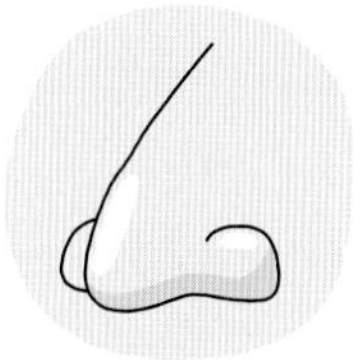

코

나리즈
nariz

표

boleto, entrada

책

libro

친구

amigo/a

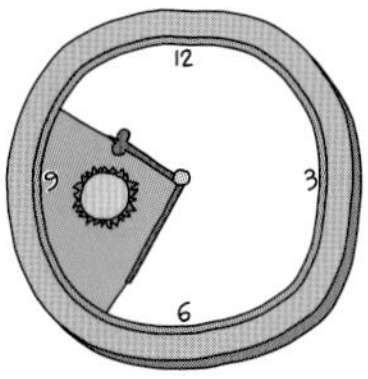

아침

la mañana

핸드폰

celular, móvil

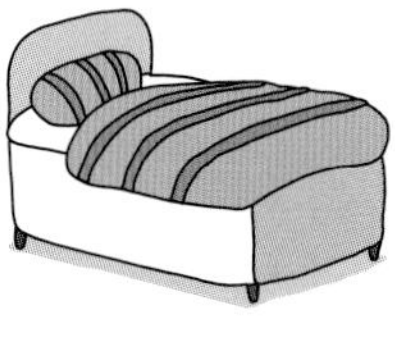

침대

cama

단추

botón

PASO 5 · Autoevaluación

1 Escuche la audición y elija la opción correcta. ▸ pista 147

	a		b	
☐	공	(1)	콩	☐
☐	불	(2)	풀	☐
☐ 주	석	(3)	추	석 ☐
☐	겁	(4)	컵	☐
☐	덕	(5)	턱	☐
☐	짐	(6)	침	☐
☐ 조	상	(7)	초	상 ☐
☐	덜	(8)	털	☐
☐ 자	반	(9)	자	판 ☐
☐ 저	장	(10)	처	장 ☐
☐ 보	기	(11)	포	기 ☐
☐ 변	해	요 (12)	편	해 요 ☐

2 Escuche la audición y complete las siguientes palabras. ▶ pista **148**

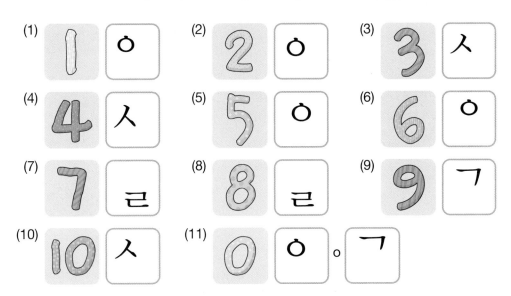

(1) 1 ㅇ
(2) 2 ㅇ
(3) 3 ㅅ
(4) 4 ㅅ
(5) 5 ㅇ
(6) 6 ㅇ
(7) 7 ㄹ
(8) 8 ㄹ
(9) 9 ㄱ
(10) 10 ㅅ
(11) 0 ㅇ ㅇ ㄱ

3 Escuche la audición y numere las palabras según el orden en el que las oiga. ▶ pista **149**

삼촌 □ 칭찬 □ 만큼 □ 배추 □ 에어컨 □ 스키 □
경찰 □ 교통 □ 피부 □ 핸드폰 □ 택시 □ 커피 □ 책
녹차 처음 □ 표 □ 사촌 □ 통역 □ 평일 □
카메라 □ 추억 □ 청소 □ 풀 □ 칠판

4 Escuche la audición y complete los nombres de los países que oiga. Use los números del mapa para señalar de qué país se trata. ▶ pista 150

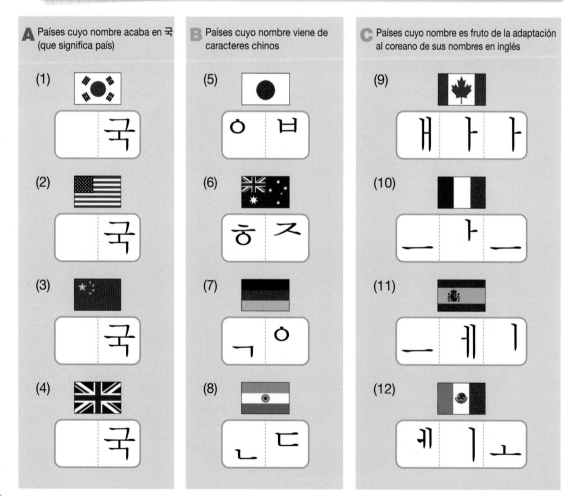

5 Escuche la audición y complete los nombres de las estaciones de la red de metro de Seúl desde las cuales se puede acceder a algunos de los puntos de interés de la ciudad. ▶ pista **151**

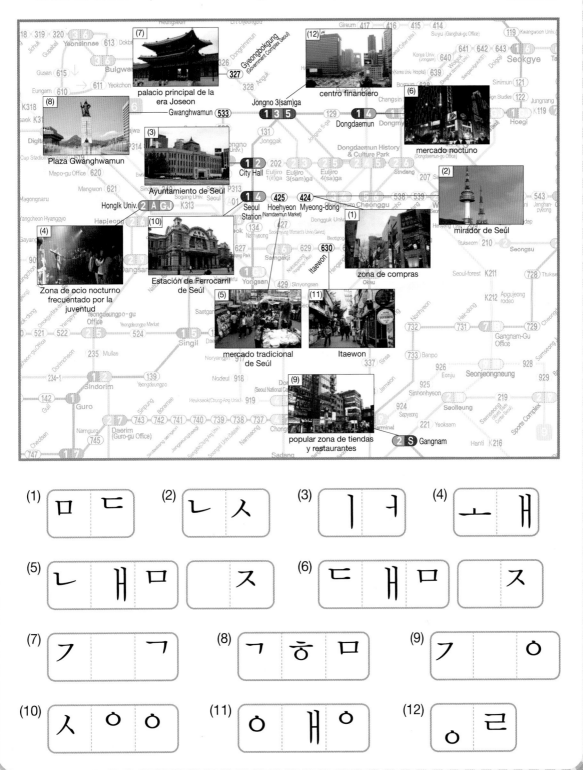

(1)

| ㅁ | ㄷ | |

(2)

| ㄴ | ㅅ | |

(3)

| ㅣ | ㅓ | |

(4)

| ㅗ | ㅐ | |

(5)

| ㄴ | ㅔ | ㅁ | ㅈ |

(6)

| ㄷ | ㅐ | ㅁ | ㅈ |

(7)

| ㄱ | ㄱ | |

(8)

| ㄱ | ㅎ | ㅁ |

(9)

| ㄱ | ㅇ | |

(10)

| ㅅ | ㅇ | ㅇ |

(11)

| ㅇ | ㅐ | ㅇ |

(12)

| ㅇ | ㄹ | |

Siete diptongos

ㅘ ㅝ ㅙ ㅔ ㅚ ㅟ ㅢ

 ¡Calentemos motores!

1 Escuche los nombres de las siguientes cosas y repítalos en el mismo orden. ▶pista 152

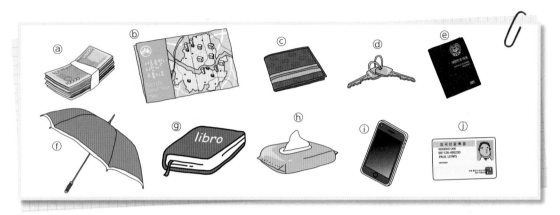

2 Escuche la audición y señale el orden de las cosas que oiga valiéndose de las letras del ejercicio de arriba. ▶pista 153

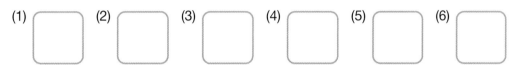

(1)　　　(2)　　　(3)　　　(4)　　　(5)　　　(6)

3 Primero, escuche el ejemplo. Luego, escuche las preguntas y responda. ▶pista 154

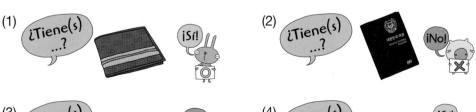

¡A hincar los codos!

Escuche Escuche la audición y preste especial atención a las vocales en rojo de las siguientes palabras. ▶pista 155

(1)  외 국인 등록증 ➡ ㅚ

(2)  열쇠 ➡ ㅚ (3) 여권 ➡ ㅝ

Aprenda Los siguientes diptongos están compuestos por una [w] y otra vocal. ▶pista 156

ㅘ [wa] como en *Juan*
El diptongo ㅘ se pronuncia con una [w] inmediatamente seguida por la vocal ㅏ en una misma sílaba. Se pronuncia redondeando los labios como para pronunciar una ㅗ pero rápidamente se abre la boca para pronunciar una ㅏ.

ㅝ [wʌ] como en la palabra inglesa *walker*
El diptongo ㅝ se pronuncia con una [w] inmediatamente seguida por la vocal ㅓ en una misma sílaba. Se pronuncia redondeando los labios como para pronunciar una ㅜ pero rápidamente se abre la boca para pronunciar una ㅓ.

ㅙ [wɛ] como en la pronunciación estadounidense de la palabra inglesa *wag*
El diptongo ㅙ se pronuncia con una [w] inmediatamente seguida por la vocal ㅐ en una misma sílaba. Se pronuncia redondeando los labios como para pronunciar una ㅗ pero rápidamente se abre la boca para pronunciar una ㅐ.

ㅞ [we] como en *bueno*
El diptongo ㅞ se pronuncia con una [w] inmediatamente seguida por la vocal ㅔ en una misma sílaba. Se pronuncia redondeando los labios como para pronunciar una ㅜ pero rápidamente se abre la boca para pronunciar una ㅔ.

ㅚ [we] como en *buey*
El diptongo ㅚ se viene a pronunciar en realidad de manera muy parecida a ㅞ [we].

ㅟ [wi] como *ruido*
El diptongo ㅟ se pronuncia con una [w] inmediatamente seguida por la vocal ㅣ en una misma sílaba. Se pronuncia redondeando los labios como para pronunciar una ㅜ pero rápidamente se estiran los labios la boca para pronunciar una ㅣ.

ㅢ [ɰi] como en la palabra inglesa *gooey*
El diptongo ㅢ se pronuncia articulando una ㅡ para pasar rápidamente a articular una ㅣ.

Como se puede ver en el esquema de abajo, los diptongos son el resultado de pronunciar en una misma sílaba dos vocales. Practique su pronunciación ayudándose con la audición.

▶ pista 157

❶

오 ✚ 아 ➡ 와
[o]　　[a]　　[wa]

❷

우 ✚ 어 ➡ 워
[u]　　[ʌ]　　[wʌ]

❸

오 ✚ 애 ➡ 왜
[o]　　[ɛ]　　[wɛ]

❹

우 ✚ 에 ➡ 웨
[u]　　[e]　　[we]

❺

오 ✚ 이 ➡ 외
[o]　　[i]　　[we]

❻

우 ✚ 이 ➡ 위
[u]　　[i]　　[wi]

❼

으 ✚ 이 ➡ 의
[ɯ]　　[i]　　[ɯi]

Apunte sobre la pronunciación

Para pronunciar los diptongos con [w] inicial es necesario redondear los labios al comenzar a pronunciarlos.

✱ Notas sobre la pronunciación

1 Aunque los diptongos ㅙ, ㅞ y ㅚ son grafías claramente diferentes, su pronunciación viene a ser prácticamente la misma. ▶ pista 158

Ej.

ㅙ　ㅞ　ㅚ

2 Elija la palabra cuya sílaba subrayada tenga una pronunciación distinta de las otras dos. Haga uso de la audición para comprobar sus respuestas.
▶ pista 159

(1) ⓐ <u>왜</u> ☐
　　ⓑ <u>위</u>기 ☐
　　ⓒ <u>외</u>국 ☐

(2) ⓐ 열<u>쇠</u> ☐
　　ⓑ 인<u>쇄</u> ☐
　　ⓒ 부<u>숴</u>요 ☐

(3) ⓐ 전<u>화</u> ☐
　　ⓑ 사<u>회</u> ☐
　　ⓒ <u>훼</u>손 ☐

(4) ⓐ <u>괴</u>물 ☐
　　ⓑ 일<u>궈</u>요 ☐
　　ⓒ <u>궤</u>도 ☐

1 Los seis diptongos con [w] inicial

Los seis diptongos con [w] inicial se pronuncian articulando brevemente una ⊥ o una ┬, para lo que se ha de redondear los labios, y seguidamente articular la segunda vocal del diptongo.

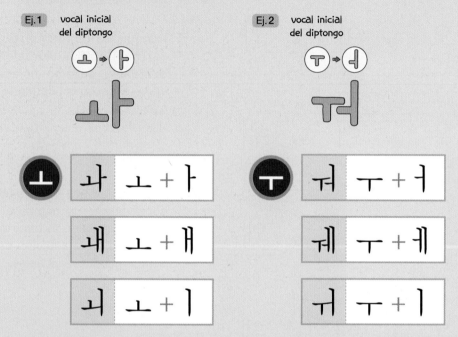

2 El diptongo ⊣

El diptongo ⊣ se forma pronunciando de manera fluida en una misma sílaba una ─ seguida de una │.

Práctica de lectura

1 Lea las siguientes sílabas y practique su pronunciación ayudándose con la audición.

▶ pista **160**

(1)
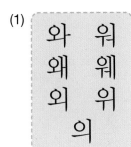

(2)
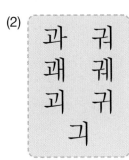

(3)
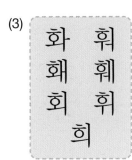

2 Escuche la audición e indique con un círculo (O) si las sílabas están correctamente escritas y con una equis (X) si están mal escritas. ▶ pista **161**

(1)

( )

(2)

( )

(3)

( )

(4)

( )

(5)

( )

(6)

( )

(7)

( )

(8)

( )

(9)

( )

(10)
원
( )

3 Escuche la audición y marque la opción correcta. ▶ pista **162**

(1) ⓐ 쇠 ☐ ⓑ 세 ☐

(2) ⓐ 사위 ☐ ⓑ 사회 ☐

(3) ⓐ 회 ☐ ⓑ 해 ☐

(4) ⓐ 이사 ☐ ⓑ 의사 ☐

(5) ⓐ 귀 ☐ ⓑ 뒤 ☐

(6) ⓐ 주위 ☐ ⓑ 주의 ☐

(7) ⓐ 뭐 ☐ ⓑ 뫼 ☐

(8) ⓐ 인세 ☐ ⓑ 인쇄 ☐

(9) ⓐ 죄 ☐ ⓑ 쥐 ☐

(10) ⓐ 외국 ☐ ⓑ 애국 ☐

4 Escuche la audición y numere las palabras según el orden en el que las oiga. ▶ pista **163**

위험 ☐   취소 ☐   교회 ☐   추워요 ☐

병원 ☐   의견 ☐   영화 ☐   대사관 ☐

희망 ☐   최고 ☐   과일 ☐   매워요 ☐

5 Escuche la audición y elija la sílaba que falta en cada una de las siguientes palabras.

▶ pista **164**

(1) 사 ⬜ (가, 과, 귀)

(2) 장 실 (하, 화, 회)

(3) 사 ⬜ (회, 휘, 화)

(4) 더 요 (와, 위, 워)

(5) 사 ⬜ (이, 으, 의)

(6) 회 전 (자, 좌, 줘)

(7) 지 ⬜ (대, 돼, 뒤)

(8) 국 인 (에, 외, 의)

(9) 손 ⬜ (화, 훼, 휘)

(10) 파 람 (회, 훼, 휘)

6 Escuche la audición y relacione cada imagen con la palabra correspondiente. ▶ pista **165**

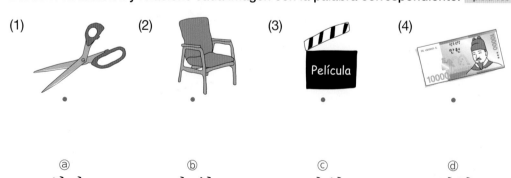

(1)   (2)   (3) Película   (4) 10000

ⓐ 의자   ⓑ 만 원   ⓒ 가위   ⓓ 영화

✱ Importante norma de pronunciación

Aprenda La grafía ᅴ se pronuncia de diferente manera según su posición dentro de una palabra. ▸pista **166**

(1) La grafía 의 se pronuncia siempre como el diptongo ᅴ cuando constituye la primera sílaba de una palabra, pero puede pronunciarse como el diptongo ᅴ o simplificarse en una ᅵ cuando se utiliza en posición media o final de palabra. Intente pronunciar 의 de manera simplificada.

Ej.

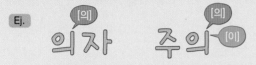

(2) Sin embargo, si la sílaba con ᅴ lleva una consonante inicial, ᅴ pasa a pronunciarse ᅵ.

Ej.

Practique Escuche la audición y numere las palabras según el orden en el que las oiga.
▸pista **167**

Práctica de escritura

Orden de los trazos para los diptongos con [w] inicial

▸ El orden de los trazos va, por regla general, de arriba abajo y de izquierda a derecha.

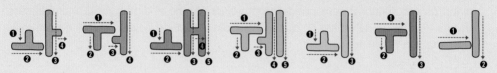

 Los siguientes son ejemplos en los que los trazos de las vocales se han escrito de manera incorrecta. Al escribir 와, el trazo horizontal de la ㅏ debe escribirse más alto que la vocal ㅗ. Al escribir 워, el trazo horizontal de la ㅓ debe escribirse por debajo del trazo horizontal de la ㅜ.

1 Escuche y practique la pronunciación de las siguientes sílabas. Después, escríbalas siguiendo el orden correcto de los trazos. ▸ pista 168

(1)			(2)			(3)		
와	와	와	과	과	과	화	화	화
워	워	워	궈	궈	궈	훠	훠	훠
왜	왜	왜	괘	괘	괘	홰	홰	홰
웨	웨	웨	궤	궤	궤	훼	훼	훼
외	외	외	괴	괴	괴	회	회	회
위	위	위	귀	귀	귀	휘	휘	휘
의	의	의	긔	긔	긔	희	희	희

2 Escuche la audición y complete las siguientes palabras escribiendo las sílabas que faltan.

▶ pista 169

(1)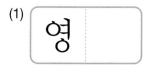

(2)

(3)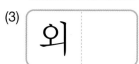

(4)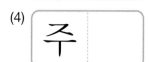

(5)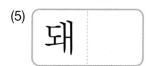

(6)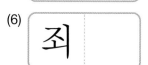

(7)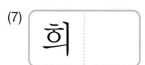

(8)

(9)

(10)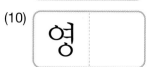

(11)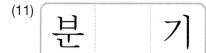

(12)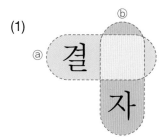

3 Escuche la audición y rellene los huecos. ▶ pista 170

(1)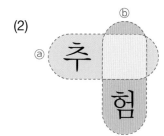

(2)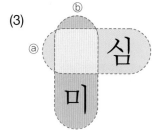

(3)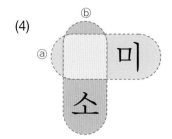

(4)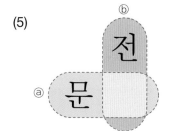

(5)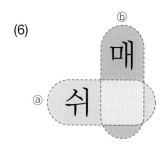

(6)

4 Escuche la audición y practique la escritura de cada palabra. ▶pista 171

과일

fruta

전화

llamada
(de teléfono)

쥐

ratón

돼지

cerdo, puerco,
chancho

바위

roca

바퀴

rueda

영화

Película

película

주의

cuidado,
precaución

Autoevaluación

---

1 Escuche la audición y complete las siguientes palabras escribiendo las letras que faltan.

▶pista **172**

(1) **L** ㄹ 요 일

(2) **M** 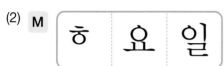 ㅎ 요 일

(3) **X** ㅅ 요 일

(4) **J** 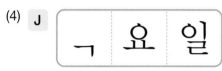 ㄱ 요 일

(5) **V** ㅁ 요 일

(6) **S** ㅌ 요 일

(7) **D** ㄹ 요 일

---

2 Mire la imagen y escuche la audición. A continuación rellene los huecos. ▶pista **173**

(1)

(2)

(3)

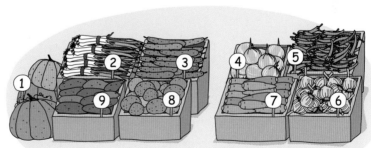

(4)    (5)    (6)

(7)   (8)   (9)

3 Escuche la audición y encuentre el camino correcto identificando las palabras que oiga.

▶ pista 174

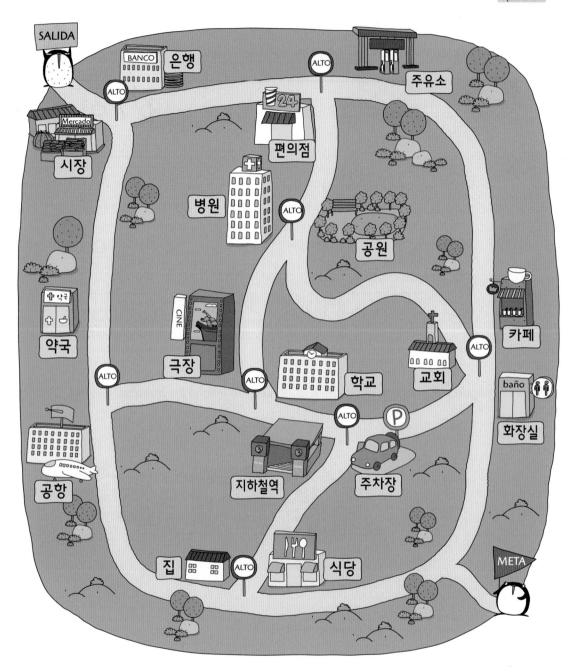

4 Escuche la audición y relacione cada imagen con la palabra correspondiente. ▶ pista 175

ⓐ 경찰　　ⓑ 의사　　ⓒ 학생　　ⓓ 기자　　ⓔ 화가

ⓕ 회사원　　ⓖ 간호사　　ⓗ 선생님　　ⓘ 주부　　ⓙ 가수

직업
(profesión)

(1)

(2)

(3)

(4)

(5)

(6)

(7)

(8)

(9)

(10)

9

Cinco consonantes tensas

ㅃ ㄸ ㅆ ㅉ ㄲ

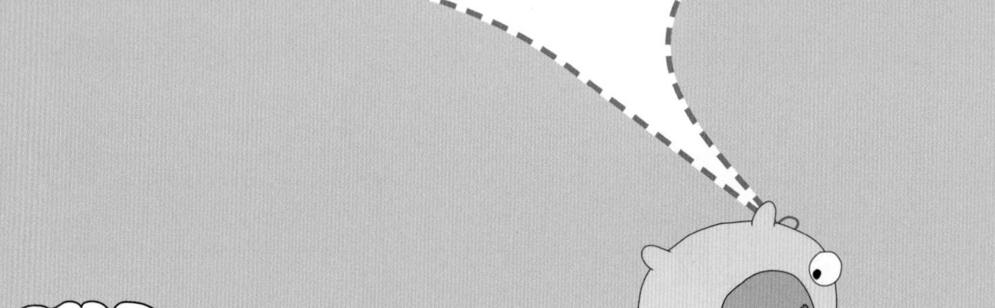

¡Calentemos motores!

1 Escuche la audición y repita los nombres empleados para referirse a los diferentes miembros de una familia. ▶pista 176

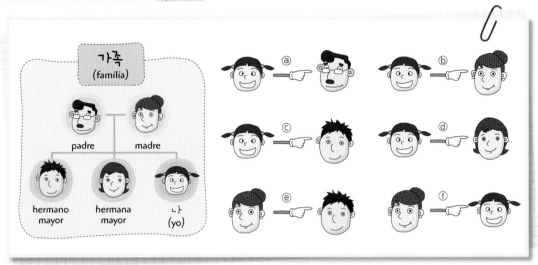

2 Escuche la audición y señale el orden de los diferentes miembros de la familia que oiga valiéndose de las letras del ejercicio de arriba. ▶pista 177

(1)   (2)   (3)   (4)   (5)

3 Primero, escuche el ejemplo. Luego, escuche las preguntas y responda. ▶pista 178

(1)

(2)

(3)

Escuche Escuche la audición y preste especial atención a las vocales en rojo de las siguientes palabras. ▶pista 179

(1) 아 ㅏ ➡ ㅃ   (2) 오 ㅏ ➡ ㅃ

(3)  갈 ➡ ㄸ

Aprenda Las siguientes consonantes se denominan tensas porque las cuerdas vocales se cierran y el aire se comprime en los pulmones. Tras expulsarse ese aire de golpe, las cuerdas vocales se vuelven a cerrar rápidamente.

ㅃ [p̚] como en *compañero* pero pronunciada con más intensidad
La consonante ㅃ se pronuncia de manera similar a la "p" del español pero con una mayor tensión en las cuerdas vocales.

ㄸ [t̚] como en *atlas* pero pronunciada con más intensidad
La consonante ㄸ se pronuncia de manera similar a la "t" del español pero con una mayor tensión en las cuerdas vocales.

ㅆ [s̚] como en *estrella* pero pronunciada con más intensidad
La consonante ㅆ se pronuncia de manera similar a la "s" del español pero con una mayor tensión en las cuerdas vocales.

ㅉ [tɕ̚] como en la palabra inglesa *gotcha*
La consonante ㅉ se pronuncia de manera similar a como se pronuncia la "ch" en la forma inglesa *gotcha* con gran intensidad.

ㄲ [k̚] como en *atractivo* pero pronunciada con más intensidad
La consonante ㄲ se pronuncia de manera similar a la "c" y a la "q" del español pero con una mayor tensión en las cuerdas vocales.

Grafías de las consonantes tensas

Las consonantes tensas se escriben duplicando las consonantes simples que se articulan en esa misma posición, colocándolas una al lado de la otra.

 ㄷ ➡ ㄸ

Practique la pronunciación de estos pares de sílabas con consonantes simples y tensas ayudándose de la audición. ▶ pista 180

simples   tensas

❶ 바 [pa] ➡ 빠 [p̬a]

❷ 다 [ta] ➡ 따 [t̬a]

❸ 사 [sa] ➡ 싸 [s̬a]

❹ 자 [tɕa] ➡ 짜 [t̬ɕa]

❺ 가 [ka] ➡ 까 [k̬a]

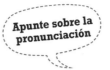

Apunte sobre la pronunciación

Para pronunciar las consonantes tensas, se deben cerrar las cuerdas vocales evitando que se escape el aire, hasta que de repente se deja salir algo de aire de manera leve. Al pronunciarse las vocales tensas, no debe salir una gran bocanada de aire de la cavidad bucal. A la hora de practicar las consonantes oclusivas corenas, es recomendable colocar una hoja de papel justo delante de la boca para comprobar cuánto aire se está expulsando.

Consonantes simples
– La hoja de papel debería moverse muy poco.

Consonantes aspiradas
– La hoja de papel debería moverse considerablemente.

Consonantes tensas
– La hoja de papel no debería moverse en absoluto.

Las siguientes palabras tan solo difieren ligeramente en la pronunciación de la consonante inicial. Como los siguientes grupos de palabras suenan de manera muy parecida, se ha de tener mucho cuidado al pronunciarlas, ya que tienen significados muy diferentes. ▶ pista **181**

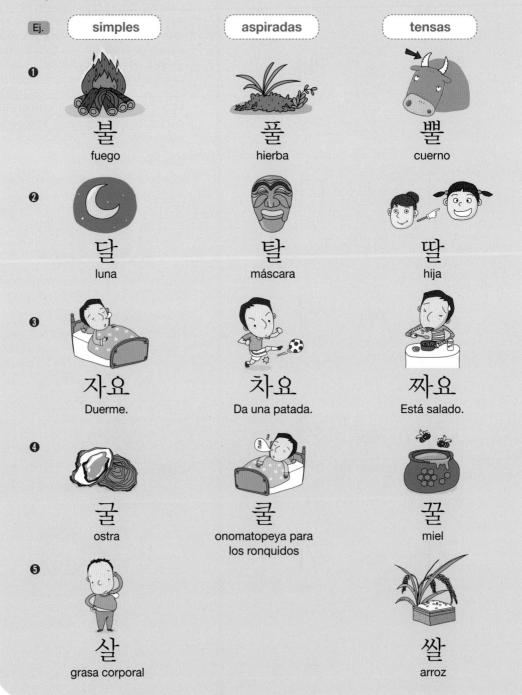

Ej.	simples	aspiradas	tensas
❶	불 fuego	풀 hierba	뿔 cuerno
❷	달 luna	탈 máscara	딸 hija
❸	자요 Duerme.	차요 Da una patada.	짜요 Está salado.
❹	굴 ostra	쿨 onomatopeya para los ronquidos	꿀 miel
❺	살 grasa corporal		쌀 arroz

 **Práctica de lectura**

1 Lea las siguientes sílabas y practique su pronunciación ayudándose con la audición.

▸pista **182**

(1)
바	빠
버	뻐
보	뽀
부	뿌
브	쁘
비	삐

(2)
다	따
더	떠
도	또
두	뚜
드	뜨
디	띠

(3)
사	싸
서	써
소	쏘
수	쑤
스	쓰
시	씨

(4)
자	짜
저	쩌
조	쪼
주	쭈
즈	쯔
지	찌

(5)
가	까
거	꺼
고	꼬
구	꾸
그	끄
기	끼

2 Escuche la audición e indique con un círculo (O) si las sílabas están correctamente escritas y con una equis (X) si están mal escritas. ▸pista **183**

(1)
딸
( )

(2)
찜
( )

(3)
꼭
( )

(4)
뿐
( )

(5)
씨
( )

(6)
뜻
( )

(7)
꿈
( )

(8)
쪽
( )

(9)
쌀
( )

(10)
빰
( )

3 Escuche la audición y marque la opción correcta. ▸pista **184**

(1) ⓐ 방 ☐ ⓑ 빵 ☐   (2) ⓐ 대문 ☐ ⓑ 때문 ☐

(3) ⓐ 삼 ☐ ⓑ 쌈 ☐   (4) ⓐ 가지 ☐ ⓑ 까지 ☐

(5) ⓐ 곡 ☐ ⓑ 꼭 ☐   (6) ⓐ 사요 ☐ ⓑ 싸요 ☐

(7) ⓐ 벼 ☐ ⓑ 뼈 ☐   (8) ⓐ 자리 ☐ ⓑ 짜리 ☐

4 Escuche la audición y numere las palabras según el orden en el que las oiga. ▶ pista **185**

떡 □   뿌리 □   씨름 □   아저씨 □

짝 □   가끔 □   토끼 □   깨끗이 □

빵 □   눈썹 □   뚜껑 □   어쩐지 □

5 Escuche la audición y elija la sílaba que falta en cada una de las siguientes palabras. ▶ pista **186**

(1) 공 [ ]   (찌, 짜, 쩌)

(2) 이 [ ] 가   (띠, 따, 떠)

(3) [ ] 리   (빨, 뻘, 뿔)

(4) 코 [ ] 리   (기, 키, 끼)

(5) 느 [ ]   (김, 킴, 낌)

(6) 오 른 [ ]   (쪽, 쭉, 찍)

(7) [ ] 개   (지, 치, 찌)

(8) 바 [ ] 요   (바, 파, 빠)

(9) [ ] 움   (써, 싸, 씨)

(10) 가 [ ] 워   (까, 꺼, 꼬)

6 Escuche la audición y relacione cada imagen con la palabra correspondiente. ▶ pista **187**

(1)   (2)   (3)   (4)

ⓐ 찌개   ⓑ 어깨   ⓒ 빵   ⓓ 딸기

★ Importante norma de pronunciación

Aprenda Las consonantes ㅂ, ㄷ, ㅅ, ㅈ y ㄱ, si van precedidas por ㅂ, ㄷ o ㄱ, se pronuncian de manera tensa; es decir, como [ㅃ], [ㄸ], [ㅆ], [ㅉ] y [ㄲ] respectivamente. ▶ pista **188**

Ej.

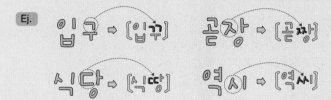

입구 ➡ [입꾸]   곧장 ➡ [곧짱]

식당 ➡ [식땅]   역시 ➡ [역씨]

Practique

1 Escuche la audición y numere las palabras según el orden en el que las oiga.

▶ pista **189**

목적 ☐	늦게 ☐	혹시 ☐	숟가락 ☐
역시 ☐	습관 ☐	집중 ☐	갑자기 ☐
옷장 ☐	덕분 ☐	각각 ☐	목소리 ☐

2 Mire las imágenes. Después, escuche la audición y complete las siguientes palabras escribiendo las letras que faltan. ▶ pista **190**

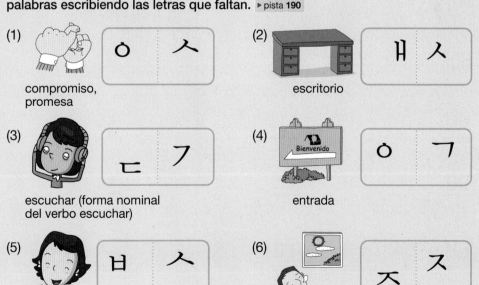

(1) ㅇ | ㅅ
compromiso, promesa

(2) ㅐ | ㅅ
escritorio

(3) ㄷ | ㄱ
escuchar (forma nominal del verbo escuchar)

(4) ㅇ | ㄱ
entrada

(5) ㅂ | ㅅ
aplauso

(6) ㅈ | ㅈ
siesta

 **Práctica de escritura**

Orden de los trazos de las consonantes tensas

▸ El orden de los trazos va, por regla general, de arriba abajo y de izquierda a derecha. Las consonantes tensas se escriben duplicando las respectivas consonantes simples una al lado de la otra.

> **Nota**
>
> En el caso de la grafía de la consonante tensa ㅃ, las dos ㅂ pueden escribirse dejando un espacio entre ellas o pegadas la una a la otra. Aunque puedan parecer dos letras diferentes, son solo dos variantes de la misma letra. Practique la escritura de esta letra dejando un espacio en las dos ㅂ.
>
>

1 Escuche y practique la pronunciación de las siguientes sílabas. Después, escríbalas siguiendo el orden correcto de los trazos. ▸ **pista 191**

(1)			(2)			(3)		
빠	빠	빠	따	따	따	싸	싸	싸
뻐	뻐	뻐	떠	떠	떠	써	써	써
뽀	뽀	뽀	또	또	또	쏘	쏘	쏘
뿌	뿌	뿌	뚜	뚜	뚜	쑤	쑤	쑤
쁘	쁘	쁘	뜨	뜨	뜨	쓰	쓰	쓰
삐	삐	삐	띠	띠	띠	씨	씨	씨

(4)　　　　　　　(5)

2 Escuche la audición y complete las siguientes palabras escribiendo la sílaba que falta.

▶pista **192**

(1) 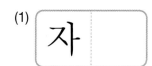　자

(2) 　솜

(3) 　래

(4) 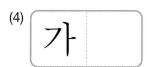　가

(5) 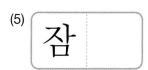　잠

(6) 　비 　요

(7) 　깜

(8) 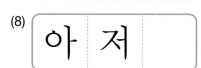　아 저

(9) 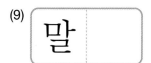　말

(10) 기 　요

3 Escuche la audición y practique la escritura de cada palabra. ▶pista **193**

꿈
sueño

꼬리
rabo, cola

땀
sudor

뚜껑
tapa, tapón

쓰레기통
cubo de basura

짜요
Está salado.

찜질방
sauna de estilo coreano

오빠
hermano mayor

쌍둥이

gemelo(s), mellizo(s)

오른쪽

la derecha

빵

pan, bollo

어깨

hombro

토끼

conejo

비싸요

Es caro.

떡

pasta de arroz

공짜

gratis, gratuito

Autoevaluación

1 Escuche la audición y marque las palabras que oiga. ▶ pista 194

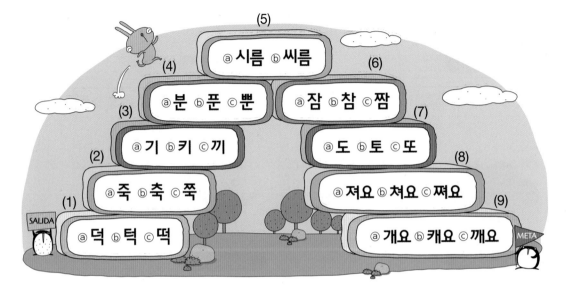

2 Escuche la audición y numere las palabras según el orden en el que las oiga. ▶ pista 195

3 Mire las imágenes. Después, escuche la audición y complete las siguientes palabras escribiendo las letras que faltan. ▶ pista **196**

(1)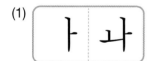

(2)

(3)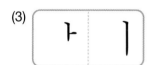

(4)

(5)

(6)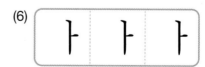

(7)

(8)

10

Las consonantes

ㅍ ㅌ ㅊ ㅋ ㅆ ㄲ

en posición final y los grupos
de dos consonantes
en posición final

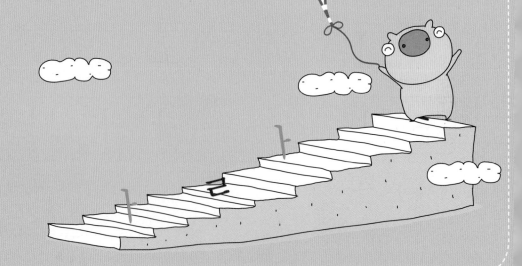

1 Escuche la audición y relacione los numerales con las imágenes usando las letras. ▶pista **197**

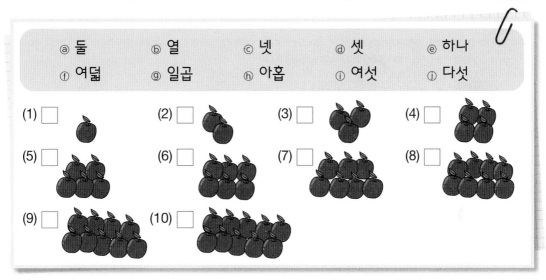

ⓐ 둘　　ⓑ 열　　ⓒ 넷　　ⓓ 셋　　ⓔ 하나
ⓕ 여덟　　ⓖ 일곱　　ⓗ 아홉　　ⓘ 여섯　　ⓙ 다섯

(1) ☐　(2) ☐　(3) ☐　(4) ☐

(5) ☐　(6) ☐　(7) ☐　(8) ☐

(9) ☐　(10) ☐

2 Escuche la audición y relacione cada imagen con la palabra correspondiente. ▶pista **198**

(1)  •

(2)  •

(3)  •

(4)  •

ⓐ 두 개

ⓑ 세 개

ⓒ 아홉 개

ⓓ 여섯 개

Nota

El sufijo contador 개 se emplea cuando se cuentan objetos añadiéndose al número como se puede ver abajo.

Ej.

하나 [hana]	⇨	한 개 [haŋ gɛ]
둘 [tul]	⇨	두 개 [tu gɛ]
셋 [set]	⇨	세 개 [se gɛ]
넷 [net]	⇨	네 개 [ne gɛ]
다섯	⇨	다섯 개
여섯	⇨	여섯 개
일곱	⇨	일곱 개
여덟	⇨	여덟 개
아홉	⇨	아홉 개
열	⇨	열 개

¡A hincar los codos!

> **Las consonantes ㅍ, ㅌ, ㅊ, ㅋ, ㅆ y ㄲ en posición final**

Escuche Escuche la audición y preste especial atención a la parte en rojo de las siguientes palabras. Después, elija la consonante del recuadro que se pronuncie igual que la parte en rojo de cada palabra. ▶ pista 199

(1) 　　(2) 　　(3) 　　(4) 밖

Aprenda Cuando las consonantes ㅍ, ㅌ, ㅊ, ㅋ, ㅆ y ㄲ van en posición final de sílaba, no se pronuncian igual que en posición inicial sino que se pronuncian como sus consonantes simples correspondientes.

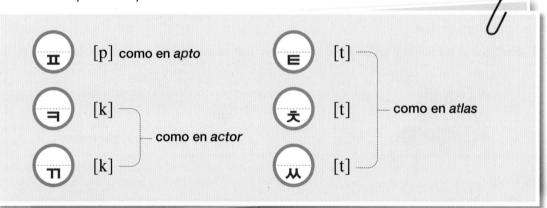

Las siete posibles pronunciaciones de las consonantes a final de sílaba

Por lo general, las consonantes pueden escribirse tanto en posición inicial como final de sílaba. Sin embargo, el coreano

solo permite los siguientes siete fonemas en posición final de sílaba: [ㅁ], [ㄴ], [ㄹ], [ㅇ], [ㅂ], [ㄷ] y [ㄱ]. Cuando las otras consonantes se escriben en posición final de sílaba, su pronunciación siempre es una de esas siete, en concreto la que se articule de la misma manera. Por ejemplo, la ㅍ en posición final de sílaba se pronuncia como una [ㅂ].

Escuche los siguientes ejemplos de la audición y fíjese en las diferencias de la pronunciación. ▶ pista **200**

❶ Cuando la consonante se encuentra en posición inicial de sílaba

아 ➡ 파
[a]   [pʰa]

❷ Cuando la consonante se encuentra en posición final de sílaba *(batchim)*

아 ➡ 앞
[a]   [ap]

Apunte sobre la pronunciación

Cuando se pronuncia una sílaba con una consonante en posición final *(batchim)*, para evitar que esa *batchim* pueda sonar como una segunda sílaba, es recomendable pronunciar la vocal de manera breve.

Ej.   De un golpe.   En una sola sílaba.

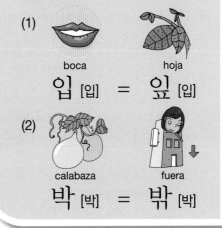

Practique Fíjese en lo que pasa al escribir una consonante bajo la vocal. Escuche la audición y practique la pronunciación.
▶ pista **201**

❶
아 ➡ 앞 = 압
[a]   [ap]   [ap]

❷
아 ➡ 악 = 악
[a]   [ak]   [ak]

❸
아 ➡ 앆 = 악
[a]   [ak]   [ak]

✱ **Notas sobre la pronunciación**

En posición final, las consonantes ㅂ y ㅍ se pronuncian como [ㅂ], las consonantes ㄱ, ㅋ y ㄲ como [ㄱ], y las consonantes ㄷ, ㅌ, ㅅ, ㅆ, ㅈ, ㅊ y ㅎ como [ㄷ]. No obstante, aunque estas consonantes se pronuncien igual, el uso de una determinada consonante final implica que la palabra tiene uno u otro significado. ▶ pista **202**

(1)

boca   hoja

입 [입] = 잎 [입]

(2)

calabaza   fuera

박 [박] = 밖 [박]

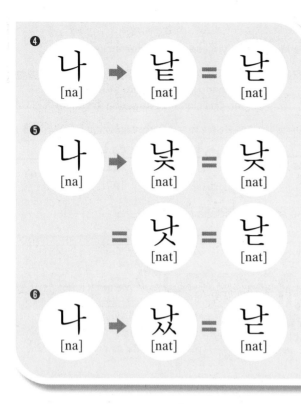

❹ 나 [na] ➡ 낱 [nat] = 낟 [nat]

❺ 나 [na] ➡ 낮 [nat] = 낯 [nat]
= 낫 [nat] = 낟 [nat]

❻ 나 [na] ➡ 났 [nat] = 낟 [nat]

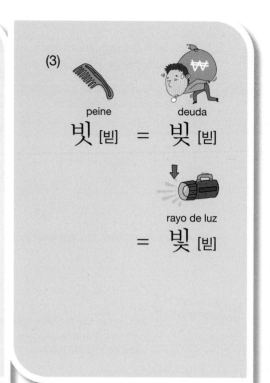

(3)

peine   deuda

빗 [빋] = 빚 [빋]

⬇

rayo de luz

= 빛 [빋]

▸ Grupos de dos consonantes en posición final

Escuche Escuche la audición y preste especial atención a la parte en rojo de las siguientes palabras. Después, elija la consonante del recuadro que se pronuncie igual que la parte en rojo de cada palabra. ▸ pista 203

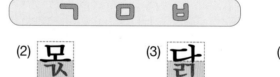

ㄱ ㅁ ㅂ

(1) 값   (2) 몫   (3) 닭   (4) 삶

Aprenda Algunas sílabas se escriben con dos consonantes en posición final de sílaba. Sin embargo, al pronunciar la sílaba, solo se pronuncia una de las consonantes finales. En ocasiones se pronuncia la primera consonante final y, en otras ocasiones, se pronuncia la segunda consonante final. ▸ pista 204

(1) Cuando la sílaba acaba en ㅄ, ㅀ, ㄼ, ㄾ, ㅀ, ㅄ, ㄳ, etc., solo se pronuncia la primera de las dos consonantes finales.

앉다 많고 여덟 핥다 옳지 없다 삯

(2) Cuando la sílaba acaba en ㄺ, ㄻ, etc., solo se pronuncia la segunda de las dos consonantes finales.

흙 까닭 앎 삶

Práctica de lectura

1 Lea las siguientes sílabas y practique su pronunciación ayudándose con la audición.

▶ pista **205**

(1) 앞 옆 짚 숲

(2) 끝 팥 낱 홑

(3) 밑 빛 꽃 숯

(4) 억 녁

(5) 었 갔 섰 했

(6) 밖 닭 낚 슊

(7) 몫 삯

(8) 값 없

(9) 닭 칡

(10) 앎 삶

2 Escuche la audición e indique con un círculo (O) si las sílabas están correctamente escritas y con una equis (X) si están mal escritas. ▶ pista **206**

(1) 솥 ( )

(2) 윷 ( )

(3) 밖 ( )

(4) 흙 ( )

(5) 값 ( )

(6) 꽃 ( )

(7) 옆 ( )

(8) 삶 ( )

(9) 밑 ( )

(10) 몇 ( )

3 Marque la sílaba que se pronuncie de manera diferente de las otras dos. Utilice la audición para comprobar sus respuestas. ▶ pista **207**

(1) ⓐ 꼭 ⓑ 꽂 ⓒ 꽃

(2) ⓐ 숩 ⓑ 숲 ⓒ 숯

(3) ⓐ 낙 ⓑ 낚 ⓒ 났

(4) ⓐ 숯 ⓑ 슷 ⓒ 숙

4 Escuche la audición y marque la opción correcta. ▶pista 208

(1) ⓐ 겉 ☐ ⓑ 겁 ☐   (2) ⓐ 갚다 ☐ ⓑ 같다 ☐

(3) ⓐ 몇 ☐ ⓑ 멱 ☐   (4) ⓐ 났어요 ☐ ⓑ 낚아요 ☐

(5) ⓐ 달 ☐ ⓑ 닭 ☐   (6) ⓐ 했어요 ☐ ⓑ 해서요 ☐

(7) ⓐ 못 ☐ ⓑ 몫 ☐   (8) ⓐ 앓아요 ☐ ⓑ 앉아요 ☐

5 Escuche la audición y numere las palabras según el orden en el que las oiga. ▶pista 209

부엌 ☐	여덟 ☐	눈빛 ☐	있어요 ☐
까닭 ☐	꽃병 ☐	돌솥 ☐	닭고기 ☐
바깥 ☐	무릎 ☐	숯불 ☐	갔어요 ☐

6 Escuche la audición y relacione cada imagen con la palabra correspondiente. ▶pista 210

(1)  •

ⓐ 빛

(2)  •

ⓑ 흙

(3)  •

ⓒ 돌솥

(4) 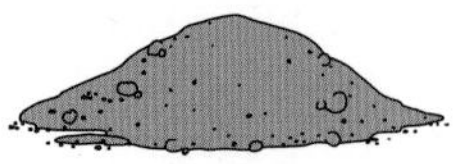 •

ⓓ 잎

Aprenda Las normas de pronunciación de las consonantes finales son las siguientes.

1 La pronunciación de la consonante final varía cuando la siguiente sílaba empieza por vocal.

Cuando las consonantes ㅍ, ㅋ, ㄲ, ㅌ, ㅊ y ㅆ van en posición final ellas solas, se pronuncian de la siguiente manera: ㅍ → [ㅂ]; ㅋ y ㄲ → [ㄱ]; ㅌ, ㅊ y ㅆ → [ㄷ]. Sin embargo, si la siguiente sílaba comienza por vocal, todas estas consonantes mantienen su pronunciación original al pronunciarse como si fuese la consonante inicial de la siguiente sílaba. ▶ pista **211**

Ej. (1) 앞 [압]　앞이 [아피]　　(2) 밖 [박]　밖에 [바께]

(3) 꽃 [꼳]　꽃이 [꼬치]　　(4) 빛 [빋]　빛을 [비츨]

2 La pronunciación de los grupos consonánticos a final de sílaba varía cuando la siguiente sílaba empieza por vocal.

Cuando hay dos consonantes en posición final de sílaba, se pronuncia solo una de las consonantes finales aplicando las normas de pronunciación de los grupos consonánticos finales. Por ejemplo, la palabra 값 se pronuncia [갑]. Sin embargo, si la siguiente sílaba comienza por vocal, la primera consonante se pronuncia como consonante final de la sílaba, mientras que la segunda consonante se pronuncia como si fuera la consonante inicial de la siguiente sílaba. Es decir, 값을 se pronuncia [갑슬]. ▶ pista **212**

Ej. (1) 닭 [닥]　닭이 [달기]　　(2) 값 [갑]　값을 [갑슬]

(3) 삶 [삼]　삶에 [살메]　　(4) 삯 [삭]　삯을 [삭슬]

3 Cuando la consonante ㅎ va en posición final de sílaba junto a otra consonante y le sigue una sílaba comienza por vocal, no se pronuncia.

Cuando la segunda consonante final es una ㅎ, como en ㄶ y ㅀ, y la siguiente sílaba comienza por vocal, la primera consonante se pronuncia como tal (como ㄴ y ㄹ) pero la ㅎ no se pronuncia. ▶ pista **213**

Ej. (1) 많이 [마니]　　　　(2) 않아요 [아나요]

(3) 싫어요 [시러요]　　　(4) 잃어요 [이러요]

Practique Escuche la audición y numere las palabras según el orden en el que las oiga.

▶ pista **214**

옆 집 □	읽은 □	꽃을 □	무릎에 □
몇 살 □	많이 □	볶음 □	싫어요 □
밑줄 □	젊음 □	끝에 □	없어요 □

Práctica de escritura

Ubicación de las consonantes finales

▸ Las consonantes en posición final de sílaba se escriben en la parte inferior del presunto recuadro en el que se escriben las sílabas en coreano. En el caso de ser dos las consonantes finales, se reparten dicho espacio inferior colocándose la primera consonante en la parte inferior izquierda y la segunda consonante en la parte inferior derecha.

1 Escuche y practique la pronunciación de las siguientes sílabas. Después, escríbalas siguiendo el orden correcto de los trazos. ▸ pista **215**

(1)   (2)   (3)

앞	앞	앞	꽃	꽃	꽃	닭	닭	닭
숲	숲	숲	낮	낮	낮	삶	삶	삶
짚	짚	짚	빛	빛	빛	값	값	값
끝	끝	끝	억	억	억	몫	몫	몫
밭	밭	밭	밖	밖	밖	앉	앉	앉
팥	팥	팥	있	있	있	않	않	않

2 Escuche la audición y practique la escritura de cada palabra. ▶ pista **216**

끝

final

숲

bosque

무릎

rodilla

꽃

flor

부엌

cocina

밖

fuera

닭

gallina, pollo

값

precio

1 Marque la sílaba que se pronuncie de manera diferente de las otras dos. Utilice la audición para comprobar sus respuestas. ▶pista 217

(1) ⓐ 마이   ⓑ 마니   ⓒ 많이

(2) ⓐ 안자서   ⓑ 앉아서   ⓒ 안아서

(3) ⓐ 일어요   ⓑ 일러요   ⓒ 잃어요

(4) ⓐ 다가요   ⓑ 다까요   ⓒ 닭아요

2 Escuche la audición y numere las palabras según el orden en el que las oiga. ▶pista 218

3 Escuche la audición y siga el camino que le indiquen las palabras que oiga. Escriba la letra a la que llegue al final del recorrido. ▶pista **219**

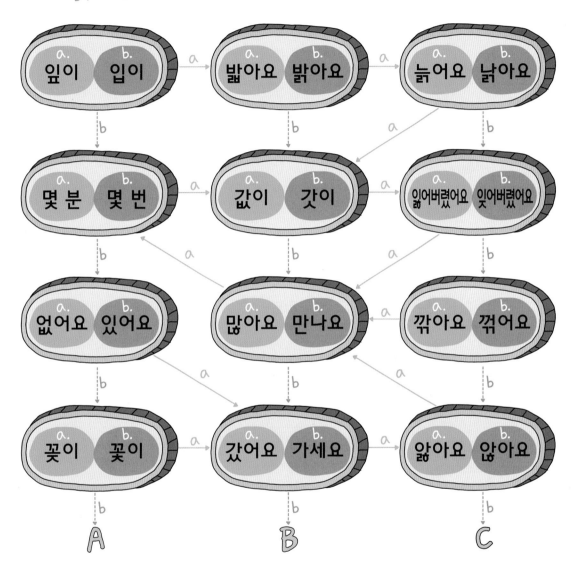

Respuesta final: _____

4 Escuche la audición y relacione cada imagen con la palabra correspondiente. ▶ pista **220**

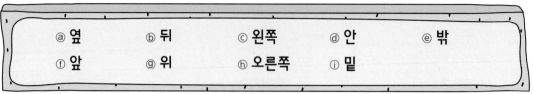

ⓐ 옆　　　ⓑ 뒤　　　ⓒ 왼쪽　　　ⓓ 안　　　ⓔ 밖

ⓕ 앞　　　ⓖ 위　　　ⓗ 오른쪽　　　ⓘ 밑

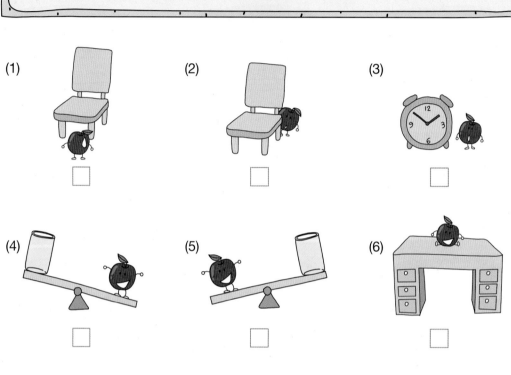

(1)

☐

(2)

☐

(3)

☐

(4)

☐

(5)

☐

(6)

☐

(7)

☐

(8)

☐

(9)

☐

5 Mire las imágenes. Después, escuche la audición y complete las siguientes palabras escribiendo las letras que faltan. ▶pista 221

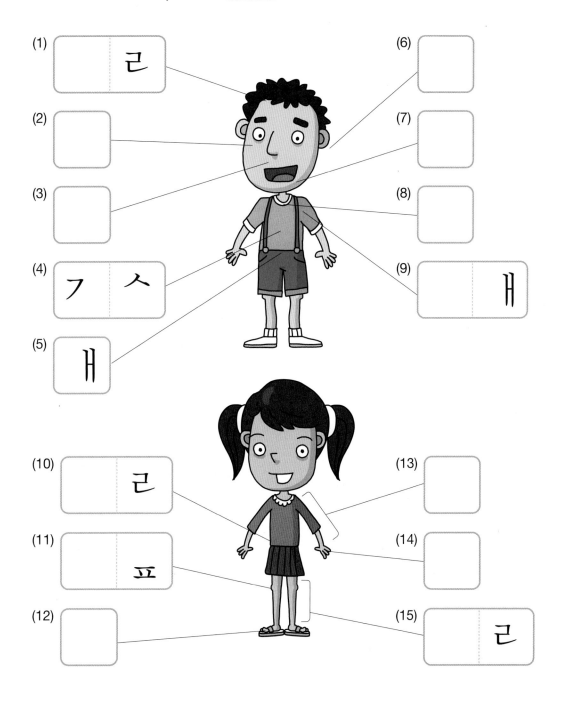

(1) ㄹ

(2)

(3)

(4) ㄱ ㅅ

(5) ㅐ

(6)

(7)

(8)

(9) ㅐ

(10) ㄹ

(11) ㅍ

(12)

(13)

(14)

(15) ㄹ

Revisión final

Diecinueve consonantes

Según el flujo del aire
- consonantes simples (pronunciadas sin aspiración ni tensión)
  pronunciación que no exige un gran flujo de aire

- consonantes aspiradas
  pronunciación que exige un gran flujo de aire

- consonantes tensas
  pronunciación que requiere una mayor tensión de la lengua y las cuerdas vocales pero un menor flujo de aire

modo de articulación / punto de articulación		bilabiales producidas por el contacto de los labios		alveolares producidas por el contacto de la punta de la lengua con los alveolos [=parte trasera de la base de los dientes superiores]	
oclusivas producidas por la obstrucción del flujo de aire y su posterior liberación	simples	ㅂ	$[b]$ banco $[p]$ padre	ㄷ	$[d]$ diez $[t]$ tenaz
	aspiradas	ㅍ	$[p^h]$ inglés peace	ㅌ	$[t^h]$ inglés teacher
	tensas	ㅃ	$[p̬]$ similar a alpinismo pero más tensa	ㄸ	$[t̬]$ similar a actriz pero más tensa
africadas producidas por la obstrucción del flujo de aire y su posterior liberación a través de una estrecha abertura	simples				
	aspiradas				
	tensas				
fricativas producidas por la fricción del paso de un flujo de aire por una estrecha abertura	simples			ㅅ	$[s]$ santo $[ʃ]$ inglés she (seguida de ㅣ, ㅑ, ㅕ, ㅛ o ㅠ)
	tensas			ㅆ	$[s̬]$ similar a ¡Sí, señor! militar pero más tensa
nasales producidas la salida de un flujo de aire por la nariz		ㅁ	$[m]$ madre	ㄴ	$[n]$ nación
líquidas $[ɾ]$ producida por un toque rápido de la punta de la lengua contra los alveolos [=parte trasera de la base de los dientes superiores] $[l]$ producida al colocar la punta de la lengua contra los alveolos que hace que el flujo del aire salga por los lados de la lengua				ㄹ	$[ɾ]$ cara $[l]$ escalera

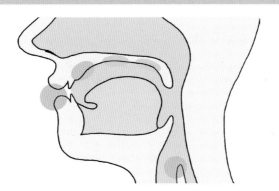

palatales producidas por el contacto del dorso de la lengua con el paladar duro		**velares** producidas por el contacto de la parte posterior de la lengua con el paladar blando [=velo del paladar]		**glotales** producidas por el contacto de la glotis [=parte más estrecha de la laringe]	
		ㄱ	[g] gallina [k] casa		
		ㅋ	[kʰ] inglés kitchen		
		ㄲ	[k̚] similar a alcance pero más tensa		
ㅈ	[tɕ] parecido al inglés juice [dʑ] parecido al inglés zebra				
ㅊ	[tɕʰ] charco				
ㅉ	[tɕ̚] similar al inglés gotcha!				
				ㅎ	[h] inglés him
		ㅇ	[ŋ] inglés ring (solo en posición final de sílaba)		

Veintiún sonidos vocálicos

vocales simples	diptongos con [j]	vocales simples	diptongos con [j]
ㅏ [a] salsa	ㅑ [ja] yacer	ㅓ [ʌ] como bus en inglés	ㅕ [jʌ] como yawn en inglés
ㅗ [o] solo	ㅛ [jo] mayo	ㅜ [u] luz	ㅠ [ju] yunque
ㅡ [ɯ] parecido a la onomatopeya hum		ㅣ [i] mil	
ㅐ [ɛ] como cat en inglés	ㅒ [jɛ] como yak en inglés	ㅔ [e] dedo	ㅖ [je] yema

diptongos con [w]		otro diptongo
ㅘ [wa] Juan	ㅝ [wʌ] como walker en inglés	
ㅙ [wɛ] como wag en inglés estadounidense	ㅞ [we] bueno	ㅢ [ɰi] ruido
ㅚ [we] buey	ㅟ [wi] como gooey en inglés	

Anexo I

- Clave de respuestas
- Transcripciones de las audiciones
- Glosario

¡Sí!

Clave de respuestas

Capítulo 1

PASO 1 ¡Calentemos motores!

2 (1) 1   (2) 4   (3) 8   (4) 6

3 (1) 2   (2) 5   (3) 7   (4) 9

PASO 2 ¡A hincar los codos!

*Notas sobre la pronunciación

2 (1) ⓑ   (2) ⓑ   (3) ⓐ   (4) ⓐ

PASO 3 Práctica de lectura

2 (1) ⓑ → ⓒ → ⓕ → ⓐ → ⓔ → ⓓ
(2) ⓕ → ⓒ → ⓑ → ⓓ → ⓐ → ⓔ

3

아 ④	이 ⑥	아이 ⑤	아우 ③
오 ①	어이 ⑦	오이 ②	우이 ⑧

4 (1) ⓒ   (2) ⓐ   (3) ⓓ   (4) ⓑ

PASO 4 Práctica de escritura

2 (1) 아   (2) 우   (3) 어   (4) 으
(5) 오 이   (6) 아 이
(7) 아 우   (8) 이

PASO 5 Autoevaluación

1 (1) ✕   (2) ○   (3) ✕   (4) ○

2

⑤ 이	⑦ 오이	③ 아우
⑧ 우	⑨ 아이	① 오
② 아	④ 어이	⑥ 우이

3 (1) 아 이   (2) 오 이
(3) 아 우   (4) 어 이

Capítulo 2

PASO 1 ¡Calentemos motores!

2 (1) ⓓ   (2) ⓑ   (3) ⓔ   (4) ⓐ   (5) ⓒ

PASO 3 Práctica de lectura

2 (1) ○   (2) ✕   (3) ✕   (4) ○

3 (1) ⓑ   (2) ⓐ   (3) ⓐ   (4) ⓑ   (5) ⓑ   (6) ⓐ

4

④ 라	⑦ 미	① 누
② 모	⑨ 너	⑥ 로
⑤ 니	③ 루	⑧ 마

5

이미 ⑤	이마 ①	나라 ⑪	누나 ④
어미 ⑧	머리 ⑥	모이 ②	머루 ⑨
나무 ③	너무 ⑩	우리 ⑦	노루 ⑫

6 (1) 모   (2) 너   (3) 리   (4) 미

7 (1) ⓒ   (2) ⓐ   (3) ⓓ   (4) ⓑ

PASO 4 Práctica de escritura

2 (1) 모   (2) 미   (3) 너   (4) 누   (5) 리
(6) 어, 머   (7) 라   (8) 마, 리

3 (1) ① 우   (2) ② 마   (3) ① 너   (4) ① 머   (5) ② 라

PASO 5 Autoevaluación

Capítulo **3**

PASO 1 ¡Calentemos motores!

2 (1) ⓔ (2) ⓐ (3) ⓒ (4) ⓑ (5) ⓓ

PASO 3 Práctica de lectura

2 (1) × (2) ○ (3) × (4) ○ (5) ×
(6) ○ (7) × (8) × (9) ○ (10) ×

3 (1) ⓐ (2) ⓑ (3) ⓑ (4) ⓑ (5) ⓐ
(6) ⓑ (7) ⓑ (8) ⓑ (9) ⓐ

4
바지 ⑨	기자 ④	지하 ⑦	드라마 ②
가로 ③	두부 ⑪	고사 ⑩	아버지 ⑧
무시 ⑥	후기 ①	자비 ⑫	도자기 ⑤

5 (1) 서 (2) 다 (3) 두 (4) 구 (5) 버
(6) 지 (7) 시 (8) 주 (9) 후 (10) 도

6 (1) ⓓ (2) ⓐ (3) ⓑ (4) ⓒ

7
⑩거리	③허리	⑧바다	⑤사자
⑬바로	⑥구이	⑮기사	②우주
①하나	⑯자리	⑪지하	⑦오후
⑨조사	⑭도시	④가수	⑫모기

PASO 4 Práctica de escritura

2 (1) 구 (2) 시 (3) 기 (4) 수 (5) 두 (6) 리, 고
(7) 보 (8) 버, 지 (9) 하 (10) 비, 스

PASO 5 Autoevaluación

1 (1) ⓐ조리 ✔ ⓑ저리 ☐　　(2) ⓐ바지 ✔ ⓑ비자 ☐
(3) ⓐ고리 ☐ ⓑ거리 ✔　　(4) ⓐ조사 ☐ ⓑ주사 ✔
(5) ⓐ수다 ✔ ⓑ다수 ☐　　(6) ⓐ나리 ☐ ⓑ다리 ✔
(7) ⓐ서기 ✔ ⓑ사기 ☐　　(8) ⓐ소수 ☐ ⓑ조수 ✔

2

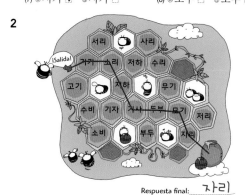

Respuesta final: 자리

Capítulo **4**

PASO 1 ¡Calentemos motores!

2 (1) ⓔ (2) ⓐ (3) ⓖ (4) ⓓ (5) ⓑ (6) ⓕ

PASO 2 ¡A hincar los codos!

Escuche (1) ㅂ (2) ㄹ (3) ㅁ (4) ㄱ

PASO 3 Práctica de lectura

2 (1) ○ (2) × (3) × (4) ○ (5) ×
(6) × (7) ○ (8) × (9) ○ (10) ×

3 (1) ⓑ (2) ⓐ (3) ⓐ (4) ⓐ (5) ⓐ
(6) ⓑ (7) ⓑ (8) ⓑ (9) ⓐ

4
아들 ③	도장 ⑨	이름 ①	아줌마 ⑥
한국 ⑪	음식 ④	거울 ⑩	밀가루 ⑫
시간 ②	남산 ⑦	수업 ⑤	젓가락 ⑧

5 (1) 람 (2) 국 (3) 진 (4) 곱 (5) 장 (6) 섯

6 (1) ⓓ (2) ⓐ (3) ⓒ (4) ⓑ

7 (1) ⓑ (2) ⓐ (3) ⓐ (4) ⓑ (5) ⓐ (6) ⓑ

*Importante norma de pronunciación

1
발음 ⑧	얼음 ⑫	웃음 ⑤	녹음 ③
만일 ④	단어 ①	언어 ⑨	본인 ⑦
직업 ⑩	믿음 ⑥	금일 ②	길이 ⑪

2 (1) 발 (2) 음 (3) 단 (4) 업
(5) 음 (6) 음 (7) 종 (8) 인

PASO 4 Práctica de escritura

2 (1) 름 (2) 작 (3) 부, 님
(4) 불 (5) 랑 (6) 아, 줌

PASO 5 Autoevaluación

1 (1) ⓐ삼☐ ⓑ섬✔
ⓒ솜☐ ⓓ숨☐
(2) ⓐ반☐ ⓑ번☐
ⓒ본☐ ⓓ분✔
(3) ⓐ성✔ ⓑ선☐
ⓒ섬☐ ⓓ설☐
(4) ⓐ공☐ ⓑ곤☐
ⓒ곰☐ ⓓ골✔

2

⑨ 직업	④ 곤	② 바람
① 혼자	⑥ 멍	⑧ 빛
⑦ 동물	③ 장난	⑤ 식당

3

(1) 김 밥　　(2) 만 두

(3) 서 울　　(4) 부 산

4

5

6

Capítulo 5

PASO 1 ¡Calentemos motores!

2 (1) ⓒ　(2) ⓑ　(3) ⓓ　(4) ⓔ　(5) ⓖ

PASO 2 ¡A hincar los codos!

*Notas sobre la pronunciación

2 (1) ⓐ　(2) ⓑ　(3) ⓑ　(4) ⓑ

PASO 3 Práctica de lectura

2 (1) ✕　(2) ○　(3) ○　(4) ○　(5) ✕

3 (1) ⓑ　(2) ⓐ　(3) ⓐ　(4) ⓑ
　　(5) ⓑ　(6) ⓐ　(7) ⓐ　(8) ⓑ

4

② 무료	⑧ 경기	⑤ 공연
⑥ 현금	① 서양	⑨ 연구
④ 학교	⑦ 노력	③ 기념

5

우유 ⑪	중요 ⑦	여자 ⑤	수요일 ③
여유 ④	여름 ⑩	양말 ①	일요일 ⑫
무역 ⑧	안경 ②	영어 ⑨	주소 ⑥

6 (1) 야　(2) 유　(3) 영　(4) 겨
　　(5) 료　(6) 명　(7) 연　(8) 녕

7 (1) ⓒ　(2) ⓓ　(3) ⓐ　(4) ⓑ

*Importante norma de pronunciación

PASO 4 Práctica de escritura

2 (1) 여 (2) 용 (3) 아, 요 (4) 유 (5) 양
(6) 며, 리 (7) 연 (8) 녁 (9) 영, 증

PASO 5 Autoevaluación

1

수	염		여	가		야
수			드		안	경
료		여	름		녕	
		자		주		
	고		자	유		
서	양	인		소	유	
	이				명	동

2

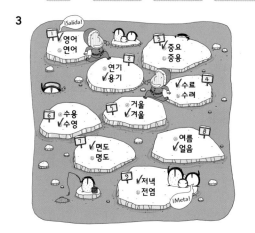

(1) 봄 (2) 여름 (3) 가을 (4) 겨울

3

¡Salida!
① 영어 / 연어
② 연기 / 용기
⑤ 중요 / 중용
④ ✓수료 / 수려
③ 거울 / ✓겨울
⑥ 수용 / ✓수영
⑧ 여름 / ✓얼음
⑦ ✓면도 / 명도
⑨ ✓저녁 / 전염
¡Metal

Capítulo 6

PASO 1 ¡Calentemos motores!

2 (1) ⓒ (2) ⓐ (3) ⓔ (4) ⓑ (5) ⓓ

PASO 3 Práctica de lectura

2 (1) ○ (2) × (3) ○ (4) ×
(5) ○ (6) ○ (7) × (8) ×

3 (1) ⓑ (2) ⓐ (3) ⓐ (4) ⓑ
(5) ⓐ (6) ⓑ (7) ⓑ (8) ⓐ

4

내일 ⑦	숙제 ⑤	인생 ⑩	남동생 ③
문제 ②	세상 ⑫	가게 ⑧	제주도 ⑪
얘기 ⑨	계속 ④	예약 ①	냉장고 ⑥

5 (1) 내 (2) 대 (3) 개 (4) 세
(5) 례 (6) 생 (7) 예 (8) 개

6 (1) ⓓ (2) ⓑ (3) ⓐ (4) ⓒ

7

⑩ 생일	⑫ 세계	④ 소개	⑦ 매일
③ 기대	① 재미	⑨ 경제	⑤ 오래
⑪ 반대	⑥ 예상	⑧ 계절	② 생각

*Importante norma de pronunciación

연락 ⑦ / 진리 ① / 실내 ④ / 논란 ⑥
진료 ③ / 곤란 ⑫ / 신라 ⑧ / 설날 ⑩
논리 ⑨ / 난리 ⑤ / 신랑 ⑪ / 연령 ②

PASO 5 Autoevaluación

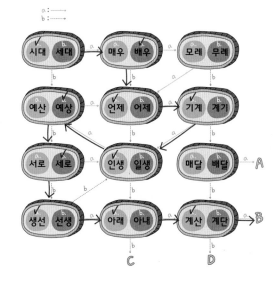

a : ——→
b : ----→

시대 세대 → 매우 배우 → 모레 무레
예산 예상 → 언제 어제 → 기계 계기
서로 세로 → 인생 일생 → 매달 배달 → A
생선 선생 → 아래 아내 → 계산 계단 → B
C   D

Respuesta final: _B_

Capítulo 7

PASO 1 ¡Calentemos motores!

2 (1) ⓕ (2) ⓓ (3) ⓑ (4) ⓔ (5) ⓒ

PASO 3 Práctica de lectura

2 (1) ○ (2) ✕ (3) ○ (4) ✕ (5) ○
(6) ○ (7) ○ (8) ✕ (9) ○ (10) ✕

3 (1) ⓑ (2) ⓑ (3) ⓐ (4) ⓑ
(5) ⓐ (6) ⓑ (7) ⓑ (8) ⓐ

4

김치 ④	크기 ①	선택 ⑦	지하철 ⑨
통역 ⑩	부탁 ⑫	봉투 ②	스포츠 ⑤
추석 ⑧	경치 ⑥	출구 ⑪	자동차 ③

5 (1) 터 (2) 카 (3) 파 (4) 토
(5) 표 (6) 체 (7) 친 (8) 통

6 (1) ⓑ (2) ⓒ (3) ⓐ (4) ⓓ

*Importante norma de pronunciación

1

입학 ②	놓다 ⑤	육 호선 ⑦	이렇게 ④
맏형 ⑥	좋고 ①	못해요 ③	그렇지 ⑧

2 (1) 습 (2) 각 (3) 복 (4) 슷

PASO 4 Práctica de escritura

2 (1) 포 (2) 통 (3) 치 (4) 편 (5) 출
(6) 착 (7) 필 (8) 갈, 탕 (9) 친 (10) 컴, 터

PASO 5 Autoevaluación

1

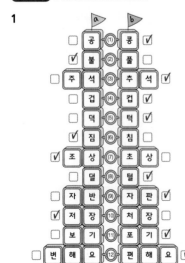

2

3

4

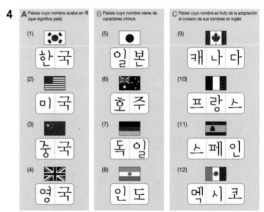

5

Capítulo 8

PASO 1 ¡Calentemos motores!

2 (1) ⓒ (2) ⓔ (3) ⓐ (4) ⓓ (5) ⓖ (6) ⓙ

PASO 2 ¡A hincar los codos!

*Notas sobre la pronunciación

2 (1) ⓑ　(2) ⓒ　(3) ⓐ　(4) ⓑ

PASO 3 Práctica de lectura

2 (1) ○　(2) ✕　(3) ✕　(4) ○　(5) ✕
　(6) ○　(7) ✕　(8) ○　(9) ✕　(10) ○

3 (1) ⓐ　(2) ⓑ　(3) ⓑ　(4) ⓑ　(5) ⓑ
　(6) ⓐ　(7) ⓐ　(8) ⓑ　(9) ⓐ　(10) ⓐ

4

위험 ④	취소 ⑪	교회 ⑧	추워요 ②
병원 ⑦	의견 ③	영화 ⑤	대사관 ⑩
희망 ⑨	최고 ⑫	과일 ①	매워요 ⑥

5 (1) 과　(2) 화　(3) 회　(4) 워　(5) 의
　(6) 좌　(7) 돼　(8) 외　(9) 훼　(10) 휘

6 (1) ⓒ　(2) ⓐ　(3) ⓓ　(4) ⓑ

*Importante norma de pronunciación

PASO 4 Práctica de escritura

2 (1) 화　(2) 의　(3) 교　(4) 위　(5) 지　(6) 송
　(7) 망　(8) 국　(9) 관　(10) 원　(11) 위　(12) 쉬

3 (1) 과　(2) 위　(3) 의　(4) 취　(5) 화　(6) 워

PASO 5 Autoevaluación

1

2

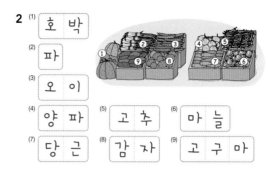

3

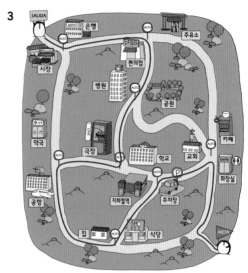

4

Capítulo 9

PASO 1 ¡Calentemos motores!

2 (1) ⓒ　(2) ⓓ　(3) ⓑ　(4) ⓐ　(5) ⓕ

PASO 3 Práctica de lectura

2 (1) ○　(2) ✕　(3) ○　(4) ✕　(5) ✕
　 (6) ○　(7) ○　(8) ✕　(9) ○　(10) ○

3 (1) ⓐ　(2) ⓑ　(3) ⓑ　(4) ⓐ
　 (5) ⓐ　(6) ⓑ　(7) ⓑ　(8) ⓐ

4

떡 ⑥	뿌리 ⑧	씨름 ⑫	아저씨 ⑨
짝 ⑩	가끔 ③	토끼 ①	깨끗이 ④
빵 ②	눈썹 ⑤	뚜껑 ⑪	어쩐지 ⑦

5 (1) 짜　(2) 따　(3) 빨　(4) 끼　(5) 낌
　 (6) 쪽　(7) 찌　(8) 빠　(9) 싸　(10) 까

6 (1) ⓑ　(2) ⓓ　(3) ⓒ　(4) ⓐ

*Importante norma de pronunciación

1

목적 ⑤	늦게 ⑩	혹시 ①	숟가락 ⑫
역시 ⑧	습관 ⑪	집중 ⑦	갑자기 ③
옷장 ②	덕분 ④	각각 ⑨	목소리 ⑥

2

(1) appointment — ㅇ ㅅ
(2) desk — ㅐ ㅅ
(3) listening — ㄷ ㄱ
(4) entrance — ㅇ ㄱ
(5) clapping — ㅂ ㅅ
(6) nap — ㅈ ㅈ

PASO 4 Práctica de escritura

2 (1) 꾸　(2) 씨　(3) 빨　(4) 짜　(5) 깐
　 (6) 싸　(7) 짝　(8) 씨　(9) 씀　(10) 뻐

PASO 5 Autoevaluación

1

(5) ⓐ시름 ✓씨름
(4) ✓분 ⓑ푼 ⓒ뿐 — (6) ⓐ잠 ✓참 ⓒ짬
(3) — (7)
(2) ⓐ기 ✓키 ⓒ끼 — ⓐ도 ⓑ토 ✓또
(1) ✓죽 ⓑ축 ⓒ쭉 — (8) ✓쳐요 ⓑ처요 ⓒ쩌요
ⓐ덕 ⓑ턱 ✓떡 — (9) ⓐ개요 ⓑ캐요 ✓깨요

2

⑰빵집	④글쎄	⑭똑바로	②쯤	⑥일찍
⑨벌써	⑮짜증	㉑쑥	⑫따로	⑳꼭지
⑬싸움	나빠요	⑱함께	㉒손뼉	㉔예뻐요
㉕팔꿈치	⑲뿌리	⑦쓰기	⑯꾸중	⑪그때
③진짜	깜짝	짜리	⑩살짝	⑧또

3 (1) 사과　(2) 배
　 (3) 딸기　(4) 포도
　 (5) 수박　(6) 바나나
　 (7) 감　(8) 굴

Capítulo 10

PASO 1 ¡Calentemos motores!

1 (1) ⓔ　(2) ⓐ　(3) ⓓ　(4) ⓒ　(5) ⓙ
　 (6) ① 　(7) ⓖ　(8) ⓕ　(9) ⓗ　(10) ⓑ

2 (1) ⓑ　(2) ⓒ　(3) ⓓ　(4) ⓐ

PASO 2 ¡A hincar los codos!

Escuche

Las consonantes ㅍ, ㅌ, ㅊ, ㅋ, ㅆ, ㄲ en posición final

(1) ㅂ　(2) ㄷ　(3) ㄷ　(4) ㄱ

Consonantes en posición final

(1) ㅂ　(2) ㄱ　(3) ㄱ　(4) ㅁ

PASO 3 Práctica de lectura

2 (1) ○   (2) ✕   (3) ○   (4) ✕   (5) ○
  (6) ○   (7) ✕   (8) ○   (9) ○   (10) ✕

3 (1) ⓐ   (2) ⓑ   (3) ⓒ   (4) ⓒ

4 (1) ⓐ 겉 ✔ ⓑ 겁 ☐   (2) ⓐ 갑다 ✔ ⓑ 같다 ☐
  (3) ⓐ 몇 ✔ ⓑ 멱 ☐   (4) ⓐ 났어요 ☐ ⓑ 낚아요 ✔
  (5) ⓐ 달 ☐ ⓑ 닭 ✔   (6) ⓐ 했어요 ✔ ⓑ 해서요 ☐
  (7) ⓐ 못 ☐ ⓑ 몫 ✔   (8) ⓐ 앉아요 ✔ ⓑ 앚아요 ☐

5

부엌 9	여덟 1	눈빛 5	있어요 12
까닭 6	꽃병 10	돌솥 2	닭고기 7
바깥 4	무릎 8	숯불 11	갔어요 3

6 (1) ⓒ   (2) ⓓ   (3) ⓐ   (4) ⓑ

*Importante norma de pronunciación

옆 집 10	읽은 7	꽃을 5	무릎에 3
몇 살 8	많이 1	볶음 11	싫어요 6
밑줄 4	젊음 9	끝에 2	없어요 12

PASO 5 Autoevaluación

1 (1) ⓐ ✔마이   ⓑ 마니   ⓒ 많이
  (2) ⓐ 안자서   ⓑ 앉아서   ✔안아서
  (3) ⓐ 일어요   ✔일러요   ⓒ 잃어요
  (4) ✔다가요   ⓑ 다까요   ⓒ 닦아요

2

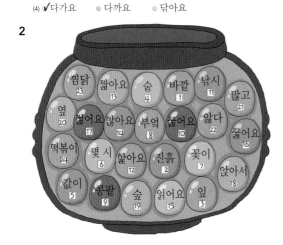

3

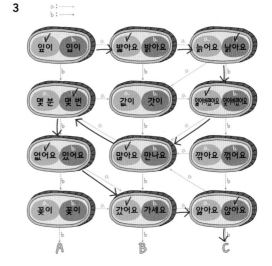

Respuesta final: ____C____

4

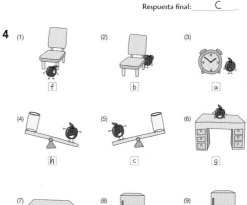

5

Transcripciones de las audiciones

Capítulo 1

PASO 1 ¡Calentemos motores!

1 ⓐ일 ⓑ이 ⓒ삼 ⓓ사
ⓔ오 ⓕ육 ⓖ칠 ⓗ팔
ⓘ구 ⓙ십

2 (1) 일 (2) 사 (3) 팔 (4) 육

3 (1) 이 (2) 오 (3) 칠 (4) 구

4 (1) 삼일오이
(2) 공일공에 구칠사팔에 육이삼오
(3) 구팔일일이삼에 사구오이삼공

PASO 2 ¡A hincar los codos!

Escuche (1) 이 (2) 오

Aprenda 아, 어, 오, 우, 으, 이

*Notas sobre la pronunciación

1 (1) 오, 어 (2) 우, 으

2 (1) 오 (2) 어 (3) 우 (4) 으

PASO 3 Práctica de lectura

1 ⓐ아 ⓑ어 ⓒ오 ⓓ우
ⓔ으 ⓕ이

2 (1) 어, 오, 이, 아, 으, 우
(2) 이, 오, 어, 우, 아, 으

3 (1) 오 (2) 오이 (3) 아우 (4) 아
(5) 아이 (6) 이 (7) 어이 (8) 우이

4 (1) 이 (2) 오 (3) 오이 (4) 아이

PASO 4 Práctica de escritura

1 아, 어, 오, 우, 으, 이

2 (1) 아 (2) 우 (3) 어 (4) 으
(5) 오이 (6) 아이 (7) 아우 (8) 이

3 이, 오, 아이, 오이, 이, 아, 아우, 우이

PASO 5 Autoevaluación

1 (1) 어 (2) 오 (3) 우 (4) 어

2 (1) 오 (2) 아 (3) 아우 (4) 어이
(5) 이 (6) 우이 (7) 오이 (8) 우
(9) 아이

3 (1) 아이 (2) 오이 (3) 아우 (4) 어이

Capítulo 2

PASO 1 ¡Calentemos motores!

1 ⓐ김밥 ⓑ라면 ⓒ만두 ⓓ비빔밥
ⓔ불고기 ⓕ찌개

2 (1) 비빔밥 (2) 라면 (3) 불고기 (4) 김밥
(5) 만두

3 Ej.1 A: 김밥이에요? B: 네.
Ej.2 A: 김밥이에요? B: 아니요.
(1) A: 라면이에요? B: 네.
(2) A: 만두예요? B: 아니요.
(3) A: 찌개예요? B: 아니요.
(4) A: 비빔밥이에요? B: 네.

PASO 2 ¡A hincar los codos!

Escuche (1) 만두 (2) 네 (3) 라면

Practique
(1) 아, 마 (2) 아, 나 (3) 아, 라 (4) 오, 모
(5) 오, 노 (6) 오, 로 (7) 이, 미 (8) 이, 니
(9) 이, 리

*Notas sobre la pronunciación

(1) 라라 (2) 루루 (3) 리리

PASO 3 Práctica de lectura

1 (1) 아, 어, 오, 우, 으, 이
(2) 마, 머, 모, 무, 므, 미
(3) 나, 너, 노, 누, 느, 니
(4) 라, 러, 로, 루, 르, 리

2 (1) 머   (2) 너   (3) 라   (4) 무

3 (1) 리   (2) 너   (3) 느   (4) 무
    (5) 노   (6) 머

4 (1) 누   (2) 모   (3) 루   (4) 라
    (5) 니   (6) 로   (7) 미   (8) 마
    (9) 너

5 (1) 이마   (2) 모이   (3) 나무   (4) 누나
    (5) 이미   (6) 머리   (7) 우리   (8) 어미
    (9) 머루   (10) 너무   (11) 나라   (12) 노루

6 (1) 모이   (2) 너무   (3) 나리   (4) 미리

7 (1) 머리   (2) 이마   (3) 어머니   (4) 나무

PASO 4 Práctica de escritura

1 (1) 마, 머, 모, 무, 므, 미
    (2) 나, 너, 노, 누, 느, 니
    (3) 라, 러, 로, 루, 르, 리

2 (1) 이모   (2) 이미   (3) 너무   (4) 누나
    (5) 우리   (6) 어머니   (7) 나라   (8) 마무리

3 Ej. 누이   (1) 우리   (2) 이마   (3) 너무
    (4) 머리   (5) 나라

4 나이, 나무, 이마, 오리, 어머니, 머리,
    누나, 나라

PASO 5 Autoevaluación

1 (1) 아마   (2) 노루   (3) 미모   (4) 마리
    (5) 우리   (6) 어미   (7) 마루   (8) 나라

Capítulo 3

PASO 1 ¡Calentemos motores!

1 ⓐ 서울   ⓑ 경주   ⓒ 부산   ⓓ 대전
    ⓔ 제주도

2 (1) 제주도 (2) 서울   (3) 부산   (4) 경주
    (5) 대전

3 Ej. A: 어디예요?   B: 서울이에요.
    (1) A: 어디예요?   B: 제주도예요.
    (2) A: 어디예요?   B: 부산이에요.
    (3) A: 어디예요?   B: 경주예요.

PASO 2 ¡A hincar los codos!

Escuche (1) 부산   (2) 대전   (3) 제주도
        (4) 경주   (5) 서울   (6) 한국

Practique

    (1) 아, 바 (2) 아, 다   (3) 아, 사   (4) 아, 자
    (5) 아, 가 (6) 아, 하

*Notas sobre la pronunciación

1 (1) 부부   (2) 도도   (3) 주주   (4) 기기

2 사시, 스시

PASO 3 Práctica de lectura

1 (1) 바, 버, 보, 부, 브, 비
    (2) 다, 더, 도, 두, 드, 디
    (3) 사, 서, 소, 수, 스, 시
    (4) 자, 저, 조, 주, 즈, 지
    (5) 가, 거, 고, 구, 그, 기
    (6) 하, 허, 호, 후, 흐, 히

2 (1) 부   (2) 서   (3) 저   (4) 그
    (5) 바   (6) 더   (7) 주   (8) 거
    (9) 시   (10) 호

3 (1) 거   (2) 디   (3) 주   (4) 바
    (5) 더   (6) 구   (7) 보   (8) 시
    (9) 허

4 (1) 후기   (2) 드라마 (3) 가로   (4) 기자
    (5) 도자기 (6) 무시   (7) 지하   (8) 아버지
    (9) 바지   (10) 고사   (11) 두부   (12) 자비

5 (1) 서로   (2) 사다리 (3) 모두   (4) 고구마
    (5) 버스   (6) 나머지 (7) 다시   (8) 주머니
    (9) 오후   (10) 도무지

6 (1) 아버지 (2) 바지   (3) 구두   (4) 모자

7 (1) 하나   (2) 우주   (3) 허리   (4) 가수
    (5) 사자   (6) 구이   (7) 오후   (8) 바다
    (9) 조사   (10) 거리   (11) 지하   (12) 모기
    (13) 바로   (14) 도시   (15) 기사   (16) 자리

PASO 4 Práctica de escritura

1 (1) 바, 버, 보, 부, 브, 비
    (2) 다, 더, 도, 두, 드, 디
    (3) 사, 서, 소, 수, 스, 시
    (4) 자, 저, 조, 주, 즈, 지
    (5) 가, 거, 고, 구, 그, 기
    (6) 하, 허, 호, 후, 흐, 히

2 (1) 지구　(2) 도시　(3) 고기　(4) 가수
(5) 두부　(6) 그리고　(7) 보기　(8) 아버지
(9) 하루　(10) 서비스

3 비, 모자, 바지, 구두, 지도, 바다, 가수, 사자

PASO 5 Autoevaluación

1 (1) 조리　(2) 바지　(3) 거리　(4) 주사
(5) 수다　(6) 다리　(7) 서기　(8) 조수

2 (1) 거기　(2) 소리　(3) 지하　(4) 기사
(5) 두부　(6) 모기　(7) 자리

Capítulo 4

PASO 1 ¡Calentemos motores!

1 ⓐ밥　ⓑ국　ⓒ숟가락　ⓓ젓가락
ⓔ물　ⓕ김치　ⓖ김　ⓗ찌개

2 (1) 물　(2) 밥　(3) 김　(4) 젓가락
(5) 국　(6) 김치

3 Ej. A: 뭐예요?　B: 밥이에요.
(1) A: 뭐예요?　B: 김치예요.
(2) A: 뭐예요?　B: 젓가락이에요.
(3) A: 뭐예요?　B: 물이에요.

PASO 2 ¡A hincar los codos!

Escuche (1) 밥　(2) 물　(3) 김　(4) 국

Practique (1) 아, 마　(2) 아, 암

Practique

(1) 아, 암　(2) 아, 안　(3) 아, 알　(4) 아, 앙
(5) 아, 압　(6) 아, 악　(7) 아, 알　(8) 아, 앗
(9) 아, 앗　(10) 아, 앙

*Notas sobre la pronunciación

1 (1) 삼, 산, 상　(2) 감, 간, 강
(3) 밤, 반, 방　(4) 담, 단, 당
(5) 잠, 잔, 장　(6) 맘, 만, 망

2 (1) 맏, 맛, 맞, 맣　(2) 낟, 낫, 낮, 낳

3 (1) 곡, 곤　(2) 목, 못　(3) 낙, 낮

4 (1) 좋아요　(2) 놓아요　(3) 넣어요

PASO 3 Práctica de lectura

1 (1) 암, 엄, 옴, 움, 음, 임
(2) 간, 건, 곤, 군, 근, 긴
(3) 날, 널, 놀, 눌, 늘, 닐
(4) 상, 성, 송, 숭, 승, 싱
(5) 압, 업, 옵, 웁, 읍, 입
(6) 닥, 덕, 독, 둑, 득, 딕
(7) 앋, 얻, 옷, 욷, 읏, 잊
(8) 갇, 걷, 곳, 굿, 긎, 깋

2 (1) 강　(2) 남　(3) 돔　(4) 맏
(5) 굽　(6) 빅　(7) 낮　(8) 짐
(9) 곳　(10) 밤

3 (1) 곰　(2) 근　(3) 장　(4) 성
(5) 목　(6) 옷　(7) 몸　(8) 동
(9) 북

4 (1) 이름　(2) 시간　(3) 아들　(4) 음식
(5) 수업　(6) 아줌마　(7) 남산　(8) 젓가락
(9) 도장　(10) 거울　(11) 한국　(12) 밀가루

5 (1) 바람　(2) 미국　(3) 사진　(4) 일곱
(5) 장소　(6) 다섯

6 (1) 사진　(2) 가방　(3) 주말　(4) 버섯

7 (1) 전문　(2) 정말　(3) 방문　(4) 전기
(5) 성공　(6) 선물

*Importante norma de pronunciación

Aprenda 음악, 종이

Practique

1 (1) 단어　(2) 금일　(3) 녹음　(4) 만일
(5) 웃음　(6) 믿음　(7) 본인　(8) 발음
(9) 언어　(10) 직업　(11) 길이　(12) 얼음

2 (1) 발음　(2) 웃음　(3) 단어　(4) 직업
(5) 음악　(6) 얼음　(7) 종이　(8) 성인

PASO 4 Práctica de escritura

1 (1) 밤, 반, 발, 방, 밥, 박
(2) 담, 단, 달, 당, 답, 닥
(3) 곤, 곳, 곶, 낫, 낮, 낳

2 (1) 기름　(2) 시작　(3) 부모님　(4) 이불
(5) 사랑　(6) 아줌마

3 집, 문, 발, 목, 돈, 눈, 운동, 공항, 음식,
점심, 한복, 옷, 우산, 선물, 남자, 가방

PASO 5 Autoevaluación

1 (1) 섬　　(2) 분　　(3) 성　　(4) 골

2 (1) 혼자　(2) 바람　(3) 장난　(4) 곧
　(5) 식당　(6) 멍　　(7) 동물　(8) 빗
　(9) 직업

3 (1) 김밥　(2) 만두　(3) 서울　(4) 부산

4 (1) 반　　(2) 물　　(3) 입　　(4) 돈
　(5) 사랑　(6) 남자　(7) 실망　(8) 우선
　(9) 일본　(10) 가족　(11) 입구　(12) 못
　(13) 국

5 (1) 동　　(2) 서　　(3) 남　　(4) 북

6 (1) 산　　(2) 나무　(3) 강　　(4) 절
　(5) 바다　(6) 섬　　(7) 하늘　(8) 바람
　(9) 비　　(10) 눈

Capítulo 5

PASO 1 ¡Calentemos motores!

1 ⓐ테니스 ⓑ야구　ⓒ수영　ⓓ태권도
　ⓔ요가　ⓕ스키　ⓖ축구

2 (1) 수영　(2) 야구　(3) 태권도　(4) 요가
　(5) 축구

3 Ej.1 A: 테니스 잘해요?　B: 네, 잘해요.
　Ej.2 A: 축구 잘해요?　B: 아니요, 못해요.
　(1)　A: 수영 잘해요?　B: 네, 잘해요.
　(2)　A: 야구 잘해요?　B: 아니요, 못해요.
　(3)　A: 요가 잘해요?　B: 아니요, 못해요.
　(4)　A: 태권도 잘해요?　B: 네, 잘해요.

PASO 2 ¡A hincar los codos!

Escuche (1) 야구　(2) 요가　(3) 수영

Aprenda 야, 여, 요, 유

Practique
　(1) 아, 야　(2) 어, 여　(3) 오, 요　(4) 우, 유

*Notas sobre la pronunciación

1 요, 여

2 (1) 요리　(2) 여기　(3) 여가　(4) 영

Practique

1 (1) 야, 냐　(2) 여, 벼　(3) 요, 묘　(4) 유, 규
2 (1) 사, 샤　(2) 소, 쇼

PASO 3 Práctica de lectura

1 (1) 야, 여, 요, 유　(2) 갸, 겨, 교, 규
　(3) 샤, 셔, 쇼, 슈　(4) 약, 역, 욕, 육

2 (1) 용　　(2) 병　　(3) 교　　(4) 류
　(5) 향

3 (1) 역　　(2) 연기　(3) 별　　(4) 굴
　(5) 조용　(6) 요금　(7) 목욕　(8) 금연

4 (1) 서양　(2) 무료　(3) 기념　(4) 학교
　(5) 공연　(6) 현금　(7) 노력　(8) 경기
　(9) 연구

5 (1) 양말　(2) 안경　(3) 수요일　(4) 여유
　(5) 여자　(6) 주유소　(7) 중요　(8) 무역
　(9) 영어　(10) 여름　(11) 우유　(12) 일요일

6 (1) 야구　(2) 유리　(3) 수영　(4) 겨울
　(5) 무료　(6) 유명　(7) 연결　(8) 안녕

7 (1) 수염　(2) 저녁　(3) 양복　(4) 주유소

*Importante norma de pronunciación

Aprenda (1) 입문, 습니다　(2) 잇몸, 벗나무
　　　(3) 국민, 작년

Practique
　(1) 작년　(2) 욕망　(3) 업무　　(4) 숙모
　(5) 입니다 (6) 입문　(7) 빗물　　(8) 식물
　(9) 잇몸　(10) 합니다 (11) 숙녀　(12) 잣나무

PASO 4 Práctica de escritura

1 (1) 야, 여, 요, 유
　(2) 냐, 녀, 뇨, 뉴
　(3) 랴, 려, 료, 류

2 (1) 여기　(2) 조용　(3) 아니요　(4) 유리
　(5) 동양　(6) 며느리　(7) 연습　　(8) 저녁
　(9) 영수증

3 약, 여자, 병, 우유, 요리, 영어, 안경, 유명

PASO 5 Autoevaluación

1 horizontal ①수염　　vertical ①수수료
　horizontal ②여가　　vertical ②여드름
　horizontal ③여름　　vertical ③여자

horizontal	④ 서양인	vertical	④ 고양이
horizontal	⑤ 안경	vertical	⑤ 야경
horizontal	⑥ 자유	vertical	⑥ 안녕
horizontal	⑦ 소유	vertical	⑦ 주유소
horizontal	⑧ 명동	vertical	⑧ 유명

2 (1) 봄　　(2) 여름　　(3) 가을　　(4) 겨울

3 (1) 영어　(2) 용기　(3) 중요　(4) 수료
(5) 겨울　(6) 수영　(7) 면도　(8) 얼음
(9) 저녁

Capítulo 6

PASO 1 ¡Calentemos motores!

1 ⓐ 새우　ⓑ 게　　ⓒ 조개　ⓓ 계란
ⓔ 버섯　ⓕ 호박

2 (1) 조개　(2) 새우　(3) 버섯　(4) 게
(5) 계란

3 Ej.1 A: 새우 좋아해요?　B: 네, 좋아해요.
Ej.2 A: 계란 좋아해요?　B: 아니요, 안좋아해요.
(1) A: 조개 좋아해요?　B: 네, 좋아해요.
(2) A: 버섯 좋아해요?　B: 아니요, 안좋아해요.
(3) A: 게 좋아해요?　B: 네, 좋아해요.
(4) A: 호박 좋아해요?　B: 아니요, 안좋아해요.

PASO 2 ¡A hincar los codos!

Escuche (1) 새우　(2) 조개　(3) 게　(4) 계란

Aprenda 애, 에, 얘, 예

Practique (1) 애, 얘　　　(2) 에, 예

*Notas sobre la pronunciación
(1) 개, 게　(2) 모래, 모레

PASO 3 Práctica de lectura

1 (1) 애, 에, 얘, 예　(2) 개, 게, 걔, 계
(3) 내, 네, 냬, 녜　(4) 래, 레, 럐, 례

2 (1) 색　　(2) 매　　(3) 예　　(4) 생
(5) 넷　　(6) 해　　(7) 겨　　(8) 에

3 (1) 안내　(2) 아래　(3) 어제　(4) 예술
(5) 재미　(6) 시계　(7) 얘기　(8) 계단

4 (1) 예약　(2) 문제　(3) 남동생　(4) 계속
(5) 숙제　(6) 냉장고　(7) 내일　(8) 가게
(9) 얘기　(10) 인생　(11) 제주도　(12) 세상

5 (1) 시내　(2) 동대문　(3) 날개　(4) 면세점
(5) 실례　(6) 선생님　(7) 명예　(8) 무지개

6 (1) 배　　(2) 생선　　(3) 계단　　(4) 시계

7 (1) 재미　(2) 생각　(3) 기대　(4) 소개
(5) 오래　(6) 예상　(7) 매일　(8) 계절
(9) 경제　(10) 생일　(11) 반대　(12) 세계

*Importante norma de pronunciación

Aprenda 신라, 설날

Practique
(1) 진리　(2) 연령　(3) 진료　(4) 실내
(5) 난리　(6) 논란　(7) 연락　(8) 신라
(9) 논리　(10) 설날　(11) 신랑　(12) 곤란

PASO 4 Práctica de escritura

1 (1) 애, 얘, 에, 예
(2) 개, 걔, 게, 계
(3) 래, 럐, 레, 례

2 노래, 맥주, 계단, 베개, 냄새, 벌레, 비행기,
냉장고

PASO 5 Autoevaluación

1 시대, 배우, 언제, 기계, 인생, 예상, 세로,
생선, 아래, 계산

Capítulo 7

PASO 1 ¡Calentemos motores!

1 ⓐ 주스　　ⓑ 커피　　ⓒ 우유　　ⓓ 콜라
ⓔ 아이스티　　　　ⓕ 녹차　　ⓖ 홍차
ⓗ 사이다

2 (1) 녹차　(2) 콜라　(3) 커피　(4) 아이스티
(5) 우유

3 Ej. 커피 주세요.　　(1) 콜라 주세요.
(2) 녹차 주세요.　　(3) 아이스티 주세요.

PASO 2 ¡A hincar los codos!

Escuche (1) 콜라 (2) 커피 (3) 녹차 (4) 아이스티

Practique

(1) 바, 파 (2) 다, 타 (3) 자, 차 (4) 가, 카

*Notas sobre la pronunciación

(1) 발, 팔 (2) 동, 통 (3) 기자, 기차
(4) 그림, 크림

PASO 3 Práctica de lectura

1 (1) 바, 파, 버, 퍼, 보, 포, 부, 푸, 브, 프, 비, 피
(2) 다, 타, 더, 터, 도, 토, 두, 투, 드, 트, 디, 티
(3) 자, 차, 저, 처, 조, 초, 주, 추, 즈, 츠, 지, 치
(4) 가, 카, 거, 커, 고, 코, 구, 쿠, 그, 크, 기, 키

2 (1) 팔 (2) 덕 (3) 춤 (4) 공
(5) 피 (6) 탕 (7) 키 (8) 팀
(9) 층 (10) 포

3 (1) 포도 (2) 차요 (3) 동기 (4) 판사
(5) 다기 (6) 처음 (7) 처리 (8) 그림

4 (1) 크기 (2) 봉투 (3) 자동차 (4) 김치
(5) 스포츠 (6) 경치 (7) 선택 (8) 추석
(9) 지하철 (10) 통역 (11) 출구 (12) 부탁

5 (1) 부터 (2) 카메라 (3) 파도 (4) 토요일
(5) 우표 (6) 우체국 (7) 친절 (8) 통조림

6 (1) 아침 (2) 코 (3) 표 (4) 경찰

*Importante norma de pronunciación

Aprenda (1) 급히, 축하 (2) 좋다, 넣고

Practique

1 (1) 좋고 (2) 입학 (3) 못해요 (4) 이렇게
(5) 놓다 (6) 맏형 (7) 육호선 (8) 그렇지

2 (1) 연습해요 (2) 생각해요
(3) 행복해요 (4) 비슷해요

PASO 4 Práctica de escritura

1 (1) 파, 퍼, 포, 푸, 프, 피
(2) 타, 터, 토, 투, 트, 티
(3) 차, 처, 초, 추, 츠, 치
(4) 카, 커, 코, 쿠, 크, 키

2 (1) 포도 (2) 보통 (3) 김치 (4) 남편
(5) 출발 (6) 도착 (7) 연필 (8) 갈비탕
(9) 친구 (10) 컴퓨터

3 자동차, 주차장, 지하철, 택시, 기차,
선풍기, 자판기, 세탁기, 코, 표, 책,
친구, 아침, 핸드폰, 침대, 단추

PASO 5 Autoevaluación

1 (1) 콩 (2) 불 (3) 추석 (4) 컵
(5) 턱 (6) 짐 (7) 조상 (8) 털
(9) 자판 (10) 저장 (11) 포기 (12) 편해요

2 (1) 일 (2) 이 (3) 삼 (4) 사
(5) 오 (6) 육 (7) 칠 (8) 팔
(9) 구 (10) 십 (11) 영, 공

3 (1) 택시 (2) 추억 (3) 평일 (4) 삼촌
(5) 스키 (6) 처음 (7) 배추 (8) 풀
(9) 교통 (10) 사촌 (11) 칭찬 (12) 청소
(13) 피부 (14) 만큼 (15) 에어컨 (16) 카메라
(17) 핸드폰 (18) 커피
(19) 녹차 (20) 표
(21) 책 (22) 경찰
(23) 통역 (24) 칠판

4 (1) 한국 (2) 미국 (3) 중국 (4) 영국
(5) 일본 (6) 호주 (7) 독일 (8) 인도
(9) 캐나다 (10) 프랑스 (11) 스페인 (12) 멕시코

5 (1) 명동 (2) 남산 (3) 시청 (4) 홍대
(5) 남대문 시장 (6) 동대문 시장
(7) 경복궁 (8) 광화문
(9) 강남역 (10) 서울역
(11) 이태원 (12) 종로

Capítulo 8

PASO 1 ¡Calentemos motores!

1 ⓐ돈 ⓑ지도 ⓒ지갑 ⓓ열쇠
ⓔ여권 ⓕ우산 ⓖ책 ⓗ휴지
ⓘ핸드폰 ⓙ외국인 등록증

2 (1) 지갑 (2) 여권 (3) 돈 (4) 열쇠
(5) 책 (6) 외국인 등록증

3 Ej.1 A: 핸드폰 있어요? B: 네, 있어요.
Ej.2 A: 핸드폰 있어요? B: 아니요, 없어요.
(1) A: 지갑 있어요? B: 네, 있어요.
(2) A: 여권 있어요? B: 아니요, 없어요.
(3) A: 열쇠 있어요? B: 아니요, 없어요.

(4) A: 외국인 등록증 있어요?
　　B: 네, 있어요.

PASO 2 ¡A hincar los codos!

Escuche (1) 외국인 등록증　(2) 열쇠　(3) 여권

Aprenda 와, 워, 왜, 웨, 외, 위, 의

Practique

(1) 오, 아, 와　　　　　(2) 우, 어, 워
(3) 오, 애, 왜　　　　　(4) 우, 에, 웨
(5) 오, 이, 외　　　　　(6) 우, 이, 위
(7) 으, 이, 의

*Notas sobre la pronunciación

1 왜, 웨, 외

2 (1) ⓐ 왜　　　ⓑ 위기　　　ⓒ 외국
　(2) ⓐ 열쇠　　ⓑ 인쇄　　　ⓒ 부숴요
　(3) ⓐ 전화　　ⓑ 사회　　　ⓒ 훼손
　(4) ⓐ 괴물　　ⓑ 일궈요　　ⓒ 궤도

PASO 3 Práctica de lectura

1 (1) 와, 워, 왜, 웨, 외, 위, 의
　(2) 과, 궈, 괘, 궤, 괴, 귀, 긔
　(3) 화, 훠, 홰, 훼, 회, 휘, 희

2 (1) 왜　　　(2) 와　　　(3) 괴　　　(4) 회
　(5) 되　　　(6) 귀　　　(7) 니　　　(8) 의
　(9) 쥐　　　(10) 원

3 (1) 쇠　　　(2) 사회　　(3) 해　　　(4) 의사
　(5) 뒤　　　(6) 주위　　(7) 뭐　　　(8) 인쇄
　(9) 죄　　　(10) 외국

4 (1) 과일　　(2) 추워요　(3) 의견　　(4) 위험
　(5) 영화　　(6) 매워요　(7) 병원　　(8) 교회
　(9) 희망　　(10) 대사관　(11) 취소　　(12) 최고

5 (1) 사과　　(2) 화장실　(3) 회사　　(4) 더워요
　(5) 의사　　(6) 좌회전　(7) 돼지　　(8) 외국인
　(9) 훼손　　(10) 휘파람

6 (1) 가위　　(2) 의자　　(3) 영화　　(4) 만 원

*Importante norma de pronunciación

Aprenda (1) 의자, 주의　(2) 희망, 무늬

Practique

(1) 예의　　(2) 논의　　(3) 편의점　(4) 의문
(5) 저희　　(6) 흰색　　(7) 의미　　(8) 여의도

(9) 무늬　　(10) 회의　　(11) 한의원　(12) 너희
(13) 의사　　(14) 거의　　(15) 의자

PASO 4 Práctica de escritura

1 (1) 와, 워, 왜, 웨, 외, 위, 의
　(2) 과, 궈, 괘, 궤, 괴, 귀, 긔
　(3) 화, 훠, 홰, 훼, 회, 휘, 희

2 (1) 영화　　(2) 의자　　(3) 외교　　(4) 주위
　(5) 돼지　　(6) 죄송　　(7) 희망　　(8) 외국
　(9) 관심　　(10) 영원　　(11) 분위기　(12) 쉬워요

3 (1) ⓐ 결과　ⓑ 과자　　(2) ⓐ 추위　ⓑ 위험
　(3) ⓐ 의심　ⓑ 의미　　(4) ⓐ 취미　ⓑ 취소
　(5) ⓐ 문화　ⓑ 전화　　(6) ⓐ 쉬워　ⓑ 매워

4 과일, 전화, 쥐, 돼지, 바위, 바퀴, 영화, 주의

PASO 5 Autoevaluación

1 (1) 월요일　(2) 화요일　(3) 수요일　(4) 목요일
　(5) 금요일　(6) 토요일　(7) 일요일

2 (1) 호박　　(2) 파　　　(3) 오이　　(4) 양파
　(5) 고추　　(6) 마늘　　(7) 당근　　(8) 감자
　(9) 고구마

3 은행, 편의점, 병원, 영화관, 공항, 집,
　주차장, 화장실

4 (1) 선생님　(2) 학생　　(3) 경찰　　(4) 회사원
　(5) 주부　　(6) 가수　　(7) 의사　　(8) 간호사
　(9) 기자　　(10) 화가

Capítulo 9

PASO 1 ¡Calentemos motores!

1 ⓐ 아빠　　ⓑ 엄마　　ⓒ 오빠　　ⓓ 언니
　ⓔ 아들　　ⓕ 딸

2 (1) 오빠　　(2) 언니　　(3) 엄마　　(4) 아빠
　(5) 딸

3 Ej.　A: 누구예요?　　B: 엄마예요.
　(1)　A: 누구예요?　　B: 아빠예요.
　(2)　A: 누구예요?　　B: 오빠예요.
　(3)　A: 누구예요?　　B: 딸이에요.

PASO 2 ¡A hincar los codos!

Escuche (1) 아빠 (2) 오빠 (3) 딸

Practique

(1) 바, 빠 (2) 다, 따 (3) 사, 싸
(4) 자, 짜 (5) 가, 까

*Notas sobre la pronunciación

(1) 불, 풀, 뿔 (2) 달, 탈, 딸
(3) 자요, 차요, 짜요 (4) 굴, 쿨, 꿀
(5) 살, 쌀

PASO 3 Práctica de lectura

1 (1) 바, 빠, 버, 뻐, 보, 뽀, 부, 뿌, 브, 쁘, 비, 삐
(2) 다, 따, 더, 떠, 도, 또, 두, 뚜, 드, 뜨, 디, 띠
(3) 사, 싸, 서, 써, 소, 쏘, 수, 쑤, 스, 쓰, 시, 씨
(4) 자, 짜, 저, 쩌, 조, 쪼, 주, 쭈, 즈, 쯔, 지, 찌
(5) 가, 까, 거, 꺼, 고, 꼬, 구, 꾸, 그, 끄, 기, 끼

2 (1) 딸 (2) 집 (3) 꼭 (4) 분
(5) 시 (6) 뜻 (7) 꿈 (8) 죽
(9) 쌀 (10) 뺨

3 (1) 방 (2) 때문 (3) 쌈 (4) 가지
(5) 곡 (6) 싸요 (7) 뼈 (8) 자리

4 (1) 토끼 (2) 빵 (3) 가끔 (4) 깨끗이
(5) 눈썹 (6) 떡 (7) 어쩐지 (8) 뿌리
(9) 아저씨 (10) 짝 (11) 뚜껑 (12) 씨름

5 (1) 공짜 (2) 이따가 (3) 빨리 (4) 코끼리
(5) 느낌 (6) 오른쪽 (7) 찌개 (8) 바빠요
(9) 싸움 (10) 가까워

6 (1) 어깨 (2) 딸기 (3) 빵 (4) 찌개

*Importante norma de pronunciación

Aprenda 입구, 곧장, 식당, 역시

Practique

1 (1) 혹시 (2) 옷장 (3) 갑자기 (4) 덕분
(5) 목적 (6) 목소리 (7) 집중 (8) 역시
(9) 각각 (10) 늦게 (11) 습관 (12) 숟가락

2 (1) 약속 (2) 책상 (3) 듣기 (4) 입구
(5) 박수 (6) 낮잠

PASO 4 Práctica de escritura

1 (1) 빠, 뻐, 뽀, 뿌, 쁘, 삐
(2) 따, 떠, 또, 뚜, 뜨, 띠

(3) 싸, 써, 쏘, 쑤, 쓰, 씨
(4) 짜, 쩌, 쪼, 쭈, 쯔, 찌
(5) 까, 꺼, 꼬, 꾸, 끄, 끼

2 (1) 자꾸 (2) 솜씨 (3) 빨래 (4) 가짜
(5) 잠깐 (6) 비싸요 (7) 깜짝 (8) 아저씨
(9) 말씀 (10) 기뻐요

3 꿈, 꼬리, 땀, 뚜껑, 쓰레기통, 짜요,
찜질방, 오빠, 쌍둥이, 오른쪽, 빵,
어깨, 토끼, 비싸요, 떡, 공짜

PASO 5 Autoevaluación

1 (1) 떡 (2) 죽 (3) 키 (4) 분
(5) 씨름 (6) 참 (7) 또 (8) 져요
(9) 깨요

2 (1) 쓰기 (2) 쯤 (3) 진짜 (4) 글쎄
(5) 살짝 (6) 일찍 (7) 함께 (8) 또
(9) 벌써 (10) 나빠요 (11) 그때 (12) 따로
(13) 싸움 (14) 똑바로 (15) 짜증 (16) 꾸중
(17) 빵집 (18) 짜리 (19) 뿌리 (20) 꼭지
(21) 쑥 (22) 손뼉 (23) 깜짝
(24) 예뻐요 (25) 팔꿈치

3 (1) 사과 (2) 배 (3) 딸기 (4) 포도
(5) 수박 (6) 바나나 (7) 감 (8) 귤

Capítulo 10

PASO 1 ¡Calentemos motores!

1 (1) 하나 (2) 둘 (3) 셋 (4) 넷
(5) 다섯 (6) 여섯 (7) 일곱 (8) 여덟
(9) 아홉 (10) 열

2 (1) 세 개 (2) 아홉 개 (3) 여섯 개 (4) 두 개

PASO 2 ¡A hincar los codos!

Las consonantes ㅍ, ㅌ, ㅊ, ㅋ, ㅆ, ㄲ en posición final

Escuche (1) 잎 (2) 끝 (3) 낯 (4) 밖

Practique (1) 아, 파 (2) 아, 앞

Practique

(1) 아, 앞, 압 (2) 아, 악, 악
(3) 아, 앆, 악 (4) 나, 낱, 난
(5) 나, 낯, 낫, 낫, 낟 (6) 나, 났, 난

*Notas sobre la pronunciación

(1) 입, 잎 (2) 박, 밖 (3) 빗, 빚, 빛

Consonantes en posición final

`Escuche` (1) 값 (2) 몫 (3) 닭 (4) 삶

`Aprenda` (1) 앉다, 많고, 여덟, 핥다, 옳지,
없다, 삯
(2) 흙, 까닭, 앎, 삶

`PASO 3` Práctica de lectura

1 (1) 앞, 옆, 짚, 숲 (2) 끝, 팥, 낱, 흩
(3) 밑, 빛, 꽃, 숯 (4) 억, 녁
(5) 었, 갔, 섰, 했 (6) 밖, 닦, 낚, 슈
(7) 몫, 삯 (8) 값, 없
(9) 닭, 칡 (10) 앎, 삶

2 (1) 솥 (2) 육 (3) 밖 (4) 흘
(5) 값 (6) 꽃 (7) 역 (8) 삶
(9) 밑 (10) 멱

3 (1) ⓐ꼭 ⓑ꽂 ⓒ꽃 (2) ⓐ숩 ⓑ숨 ⓒ숲
(3) ⓐ낙 ⓑ낚 ⓒ났 (4) ⓐ숯 ⓑ숫 ⓒ숙

4 (1) 겉 (2) 갔다 (3) 몇 (4) 낚아요
(5) 닭 (6) 했어요 (7) 몫 (8) 앉아요

5 (1) 여덟 (2) 돌솥 (3) 갔어요 (4) 바깥
(5) 눈빛 (6) 까닭 (7) 닭고기 (8) 무릎
(9) 부엌 (10) 꽃병 (11) 숯불 (12) 있어요

6 (1) 돌솥 (2) 잎 (3) 빛 (4) 흙

*Importante norma de pronunciación

`Aprenda`

1 (1) 앞, 앞이 (2) 밖, 밖에
(3) 꽃, 꽃이 (4) 빛, 빛을

2 (1) 닭, 닭이 (2) 값, 값을
(3) 삶, 삶에 (4) 삯, 삯을

3 (1) 많이 (2) 않아요 (3) 싫어요 (4) 잃어요

`Practique`

(1) 많이 (2) 끝에 (3) 무릎에 (4) 밑줄
(5) 꽃을 (6) 싫어요 (7) 읽은 (8) 몇 살
(9) 젊음 (10) 옆집 (11) 볶음 (12) 없어요

`PASO 4` Práctica de escritura

1 (1) 앞, 숲, 짚, 끝, 밭, 팥
(2) 꽃, 낮, 빛, 억, 밖, 있
(3) 닭, 삶, 값, 몫, 앉, 않

2 끝, 숲, 무릎, 꽃, 부엌, 밖, 닭, 값

`PASO 5` Autoevaluación

1 (1) ⓐ마이 ⓑ마니 ⓒ많이
(2) ⓐ안자서 ⓑ앉아서 ⓒ안아서
(3) ⓐ일어요 ⓑ일러요 ⓒ잃어요
(4) ⓐ다가요 ⓑ다까요 ⓒ닭아요

2 (1) 바깥 (2) 진흙
(3) 잎 (4) 숯
(5) 값이 (6) 몇 시
(7) 꽃이 (8) 부엌
(9) 콩팥 (10) 굶어요
(11) 낚시 (12) 핥아요
(13) 짧아요 (14) 많아요
(15) 읽어요 (16) 꿇어요
(17) 젊어요 (18) 앉아서
(19) 숲 (20) 옆
(21) 많고 (22) 앓다
(23) 찜닭 (24) 떡볶이

3 잎이, 밟아요, 낡아요, 잃어버렸어요,
많아요, 몇 번, 없어요, 갔어요, 않아요

4 (1) 앞 (2) 뒤 (3) 옆 (4) 오른쪽
(5) 왼쪽 (6) 위 (7) 밑 (8) 안
(9) 밖

5 (1) 머리 (2) 눈 (3) 코 (4) 가슴
(5) 배 (6) 귀 (7) 입 (8) 목
(9) 어깨 (10) 허리 (11) 무릎 (12) 발
(13) 팔 (14) 손 (15) 다리

Glosario

ㄱ

ㄹ

ㅁ

ㅇ

ㅈ

ㅊ

ㅋ

ㅌ

ㅍ

ㅎ

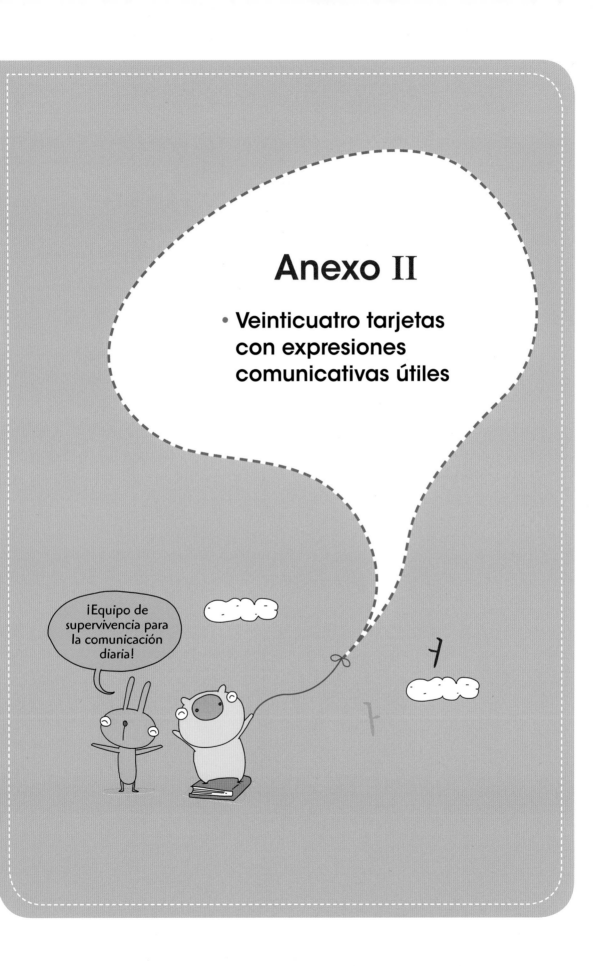